\もう迷わない!/
38歳からの
パーソナルカラー

なかがわやすこ

河出書房新社

はじめに

　近年、女性誌を中心に、毎月のようにパーソナルカラーが特集されています。それに伴い、「自分に似合う色」を気にして自己診断をしたり、いくつかのサロンで診断したりしたことのあるお客様が増えています。それにもかかわらず、頻繁に耳にするのが、「どのタイプにも当てはまらない」「何回か診断を受けたけど、結果が違う」という声。

　そこで、"タイプに当てはめないオーダーメイドのパーソナルカラー診断"をしている私のところにたどり着き、日本全国、海外からも診断を受けに来てくださっています。

例えば、目が大きい・小さいと言いますが、基準はなんでしょうか？

どちらとも言えないような、中間の大きさってありますよね？

パーソナルカラーも同じなんです。色は、はっきり分けられるワケではなく、

グラデーション状に変化しています。

その中で診断することで、迷子になっていた人も、

自分オリジナルの色を発見できます。

　日本人の肌は、年齢とともに黄ぐすみしていくことがわかっています。

今までどおりの色使いでは、

「最近、パッとしないなぁ」となるのも無理のないこと。

　だからこそ、私は〈色の魔法〉を使ってもらえたら、と思っています。

せっかくの人生。きれいに装って、幸せに過ごしていきたいですよね。

この本を読んで、少しでも毎日が

パッと明るくなる

お手伝いができたら嬉しいです。

※この本で紹介するグラデーションカラースケール®は、本誌用のオリジナルとなります。実際は縦35cm×横140cmとなります。

CONTENTS

はじめに…2

PART 1 私だけに"似合う色"がわかる！…7
キレイな人は"自分の色"を知っている…8
自分の色がわかるパーソナルカラー…10
パーソナルカラー　ここがポイント…12
診断する前に…14

PART 2 パーソナルカラーを診断する…15
知っておきたい色のキホン…16
スケールで色を見つけるグラデーションカラースケール®…18
自分の色を調べてみる…20

STEP 1　ベースカラー…22
　　　　ベースカラー　マイタイプチェックリストの使い方…23
　　　　ベースカラー　マイタイプチェックリスト…24
STEP 2　明度…26
　　　　明度スケール…28
STEP 3　彩度…30
　　　　彩度スケール…32
　　　　同じ色で印象を変えるトーンを活用する…34
STEP 4　清濁…36
　　　　清濁スケール…38

 30代から変化する「色選び」…40

PART 3 パーソナルカラーでメイクを楽しむ…43

イエローベース **YY** | **Yellow Yellow** Type…44
肌色に合わせたメイク　Dark…46
肌色に合わせたメイク　Light…47
シーンに合わせたメイク　Office…48
シーンに合わせたメイク　Special…49

Y イエローベース
Yellow Type ⋯50
- 肌色に合わせたメイク　Dark⋯52
- 肌色に合わせたメイク　Light⋯53
- シーンに合わせたメイク　Office⋯54
- シーンに合わせたメイク　Special⋯55

N ニュートラル
Neutral Type ⋯56
- 肌色に合わせたメイク　Dark⋯58
- 肌色に合わせたメイク　Light⋯59
- シーンに合わせたメイク　Office⋯60
- シーンに合わせたメイク　Special⋯61

B ブルーベース
Blue Type ⋯62
- 肌色に合わせたメイク　Dark⋯64
- 肌色に合わせたメイク　Light⋯65
- シーンに合わせたメイク　Office⋯66
- シーンに合わせたメイク　Special⋯67

BB ブルーベース
Blue Blue Type ⋯68
- 肌色に合わせたメイク　Dark⋯70
- 肌色に合わせたメイク　Light⋯71
- シーンに合わせたメイク　Office⋯72
- シーンに合わせたメイク　Special⋯73

- メイクのお悩み相談室1　加齢でしみ・しわが気になる⋯74
- メイクのお悩み相談室2　たるみが色で隠せるって本当？⋯76
- メイクのお悩み相談室3　トーンアップのファンデーションが浮いてしまう⋯77
- コラム　意識したい洋服のかたち⋯78

PART 4 パーソナルカラーでファッションを楽しむ ⋯79

YY イエローベース
Yellow Yellow Type ⋯80
- シーンに合わせたコーディネート　Office⋯80
- シーンに合わせたコーディネート　Daily⋯82
- YY Type Cover⋯84
- YY Type Pattern⋯85

| **Y** イエローベース | **Yellow** Type …86
シーンに合わせたコーディネート　Office…86
シーンに合わせたコーディネート　Daily…88
Y Type Cover…90
Y Type Pattern…91 |

| **N** ニュートラル | **Neutral** Type …92
シーンに合わせたコーディネート　Office…92
シーンに合わせたコーディネート　Daily…94
N Type Cover…96
N Type Pattern…97 |

| **B** ブルーベース | **Blue** Type …98
シーンに合わせたコーディネート　Office…98
シーンに合わせたコーディネート　Daily…100
B Type Cover…102
B Type Pattern…103 |

| **BB** ブルーベース | **Blue Blue** Type …104
シーンに合わせたコーディネート　Office…104
シーンに合わせたコーディネート　Daily…106
BB Type Cover…108
BB Type Pattern…109 |

ファッションのお悩み相談室1　「疲れ色」を解消…110
ファッションのお悩み相談室2　「やりすぎ」から脱却…111
ファッションのお悩み相談室3　「年相応」の呪い…112
ファッションのお悩み相談室4　「くすみ」に対抗する…113
ファッションのお悩み相談室5　「逃げの黒」を卒業…114
ファッションのお悩み相談室6　「好きな色」を着る…115
ファッションのお悩み相談室7　「似合わない持ち服」を活用…116
ファッションのお悩み相談室8　「和服の着こなし」を知る…117
ファッションのお悩み相談室9　ネット通販で失敗しない色選び…118
ファッションのお悩み相談室10　思い込みを捨てよ 買い物へ行こう…118

PART 5 イメージづくりに知っておきたい色彩心理…119

色彩心理を活かして理想のイメージに近づく…120
カラーチャート…124
パーソナルカラーをもっとくわしく診断したい！…126

おわりに…127

PART 1

私だけに"似合う色"が
わかる！

キレイな人は "自分の色" を知っている

　"人は見た目が9割"と言われることもありますし、ほかの人からどう見られるか気にしている女性は多いと思います。周りから少しでもキレイな人だと思われるように、流行のファッションやメイクを試しているのに、「もしかして似合ってないんじゃないの？」と悩むことはないでしょうか。

　若い頃はピチピチの肌とツヤ髪で乗り切れたかもしれません。しかし、年齢を重ねていくと、しわや肌のくすみといった悩みが増えてきて、20代のときに着ていたような服が似合わなくなってきます。すると、周りの環境になんとなく合わせて、紺色の服やブラウンのアイシャドウなど無難な色ばかりを選ぶようになってしまいがちになります。

　そのような選び方をしていると、どんどん自信が失われていきますし、似合わない色を身につけているだけで陰気で老けた印象を与えてしまいます。
　例えば、パリジェンヌが世界中でオシャレと言われる理由に、自分の髪や瞳、肌の色に合わせて服の色を選んでいることがあげられます。自分に合う色を知れば、そのときどきの流行に左右されすぎず、さまざまな色を楽しむことができます。自信をもってその人にぴったりのファッションを楽しんでいる人は美しいですよね。つまり、「キレイな人は自分の色を知っている」とも言えるでしょう。

　あなたが「キレイな人」と思われたいなら、選ぶ色にかかっている！と言っても過言ではないのです。

年齢を重ねると感じやすい"印象"の悩み

老けて見られるようになった
＼解決色／

血色がよく見える色を合わせる

しわが気になる
＼解決色／

肌と馴染む色でくすみを解決

昔買った服「若づくり」と思われない?
＼解決色／

得意な色と合わせて派手さを抑える

"自分の色"を知るだけで、「キレイな人」に!

同世代のキレイなあの人を想像してみてください。*しっくりくる色*を身につけていませんか?

自分の色がわかる
パーソナルカラー

　自分に合う色を知る手段として、パーソナルカラー診断というものがあります。パーソナルカラーとは、肌や髪、瞳など生まれもった色を活かして、その人の魅力を最大限に引き出せる色のことを指します。
　これまでのパーソナルカラーは、大きく2つのパターンに分けられていました。黄みが感じられるイエローベースと、青みが感じられるブルーベースです。さらに、イエローベースの中で明るい色が似合うタイプをスプリング、暗い色が似合うタイプをオータム、ブルーベースの中で明るい色が似合うタイプをサマー、暗い色が似合うタイプをウィンターと、四季で当てはめた4シーズンに分類します。パーソナルカラーは知りたい人々の間に広まり、一見、色に関するこれまでの悩みを解消するように思われました。
　ですが、私たちのもとには、4シーズン分類などのベースカラーを2つに分ける従来の診断を受けたことがあるお客様も診断を受けに来られます。
　そういったお客様は、決まって「イエローベースと言われたけど、ブルーベースの服を着ても『似合うね』と言われて、よくわからなくなった」といった悩みをお話しされます。これまでのパーソナルカラーでは、「確実にブルーベース」ではなくても、どちらかに分類しなくてはならず、カラーリストによっては違ったタイプを診断されることもありました。"色迷子"を導くためのパーソナルカラー診断で、さらに迷子になってしまっているのです！
　そんな"色迷子"の理由は、イエローベースとブルーベースの「中間」にありました。色は、はっきり分かれているわけではなく、グラデーション状に変化していきます。黄みと青みの間にももちろん、色があります。その「ニュートラル」をタイプに取り入れることで、これまで判断できなかったタイプもはっきりと似合う色を診断できるのです。

パーソナルカラーの変化

従来のパーソナルカラー

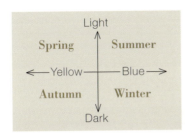

① ブルーベースとイエローベースを完全に分けることはできるの?

② 診断する人によって、結果が変わるのはなぜ?

③ そのタイプなら、明度・彩度・清濁関係なく似合うの?

グラデーションカラースケール®の特徴

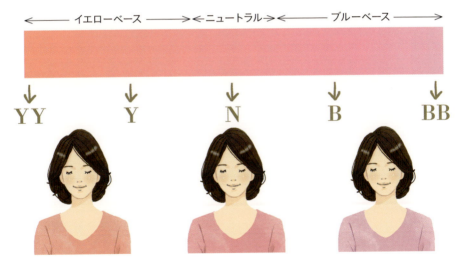

① 解決! イエローベースにもブルーベースにも当てはまらない"ニュートラル"が加わるので、色の幅が広がる!

② 解決! スケールをもとに診断するので、誰が見ても結果がわかりやすい!

③ 解決! ベースカラー、明度、彩度、清濁それぞれのスケールで、自分に似合う色の範囲がわかる!

パーソナルカラー
ここがポイント

　パーソナルカラーにはイエローベースとブルーベースだけではなく、ニュートラルがあることを前のページで説明しました。
　私たちのパーソナルカラーでは、強く黄みがかったタイプから強く青みがかったタイプまでグラデーションの中でベースカラーを5タイプに分類して診断するため、より詳細な"自分の色"を知ることができます。
　それでは自分の色がわかると、どんなメリットがあるのでしょう。
　まずは、範囲が広く、身につける人の印象に直結する洋服。タートルネックのように顔回りがつまった服のほうが、首回りが広い服よりも色の影響を強く受けます。ベージュは肌馴染みが良いから似合いやすいと言いますが、一般的にベージュを得意としているのは、イエローベースの人。ブルーベースの人が身につけると、顔色がくすんで見えてしまうことがあります。
　「肌につける色」のメイクもこだわりたいポイント。よく「色白は青みがかったリップが似合う」と言われます。確かに、ブルーベースの色白さんはパッと華やいで見せてくれるのですが、イエローベースの人だと、リップの色だけ浮いて見えてしまいます。ほかに、ヘアカラーやアクセサリーも大きく印象を左右します。
　パーソナルカラーを診断したら、ぜひベースカラーに注目して色選びをしてみてください。そのときどきの自分に合った色を選べるようになることで年齢を重ねるごとにグッと印象が良くなり、今のあなたよりもさらにキレイに見えるはず。

パーソナルカラーはこんなところに活かせる！

バリエーションが豊富なメイクやファッションの色みも、パーソナルカラーを知ることで、どのような色が似合うのかを知ることができます。

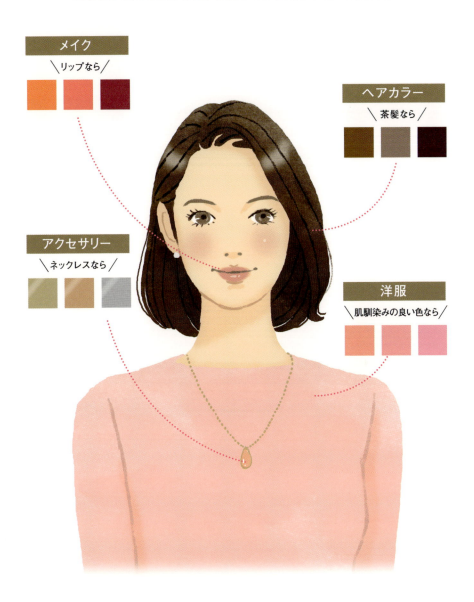

診断する前に

パーソナルカラーに捉われすぎないように注意します

「似合う色」はあなたの魅力を引き出しますが、その範囲の色だけを身につけなければいけないわけではありません。あくまでも参考に、色を楽しみましょう。

診断は、自然光に近い環境で行います

診断環境によって色の見え方が変わる場合があります。室内の照明や天候、着用している衣類の色などによって見え方に差が出ます。p20、21を参照してください。

PART 2

パーソナルカラーを
診断する

知っておきたい
色のキホン

　色を構成する要素は、色相・明度・彩度の3つ。これらを「色の三属性」と呼びます。これらを、グラデーション状に変化しながら繋がっている立体で表したものが「色立体」です。ここには、世の中にある色がすべて含まれているので、色相・明度・彩度それぞれの位置を調べれば、あなたに似合う色が必ず見つかります。グラデーションカラースケール®は、この成り立ちに従ってつくられています。

❶ 色相
赤、青、黄といった色みのこと。色のキホンとなります。
パーソナルカラーでは、赤なら朱色やワインレッドのように
ベースカラーが黄みか青みかで分けて考えます。

❷ 明度
色の明るさの度合い。
同じ色でも明るいと軽快な印象を与え、
暗い色になると重厚感のある印象を与えます。

❸ 彩度
色の鮮やかさ。彩度が高いほどパッと目を引く色になり、
彩度が低いとくすんで落ち着いた色になります。

❹ 清濁（せいだく）
透明感のある澄んだ色が清色、濁りがあって
くすんだ色が濁色。清色は、最も鮮やかな色（純色）に
白か黒が混ざった色。濁色は、灰色が混ざった色です。

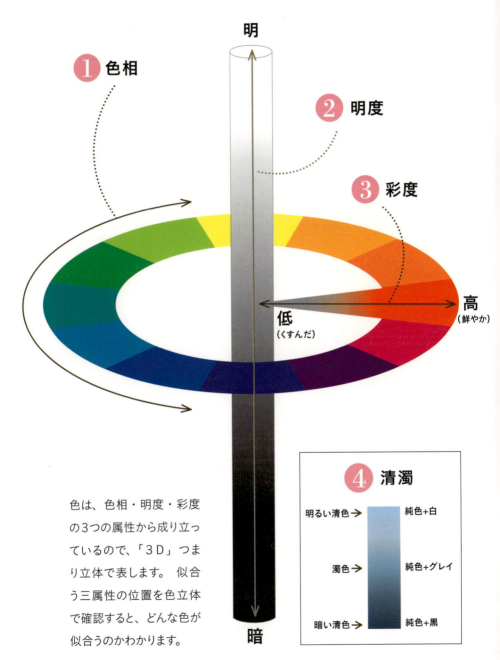

スケールで色を見つける
グラデーションカラースケール®

　パーソナルカラーで注目したいポイントをしっかり押さえたら、いよいよ診断の準備に移りましょう。

　私たちのパーソナルカラー診断では、グラデーションになっているスケールを使用して診断します。これをグラデーションカラースケール®と呼びます。このスケールを顔の前に当てて、動かしながら顔色の変化を見て診断をします。

　グラデーションカラースケール®には、全部で4種類あります。

　まず、本書のブックカバーの裏に付属しているベースカラースケール。このスケールは、基本となるイエローベース、ニュートラル、ブルーベースのどのタイプに属するかを知るために診断します。色は、比較的顔色の変化がわかりやすいピンクを採用しています。

　次に診断するのは、明度スケール。一番高い明度が白、低い明度が黒となります。

　そして彩度スケールは、色の鮮やかさを表します。ベースカラーを知るだけでもパーソナルカラーは判断できますが、この明度と彩度を知っていることで、ベースカラーだけでは判断できない、より自分に似合う色を楽しむことができます。

　最後に、清濁スケール。これはグラデーションではなく、チップ状のカラーで診断します。自分に似合う清濁のタイプを知っていると、ツヤ感のあるものが似合うタイプなのか、マットな印象が似合うタイプなのかを知ることができます。

　この4つのスケールをすべて活用すると、自分だけのオリジナルの色を見つけ出せます。

グラデーションカラースケール®で診断する要素

Step ① ベースカラー ················ **P22**

Step ② 明度 ················ **P26**

Step ③ 彩度 ················ **P30**

Step ④ 清濁 ················ **P36**

自分の色を調べてみる

　色のキホンを理解したら、いよいよパーソナルカラーを診断していきます。
　正しいパーソナルカラーを診断するためには、正しい環境で、しっかりとした準備をするのがオススメ。せっかく診断するのに誤った結果になってしまったらもったいないですよ。
　各スケール別に注目するポイントを守りながら、自分にぴったりの色を見つけてくださいね。

診断の条件

【用意するもの】

- 本書付録　ベースカラースケール
- P28、P32、P38のスケール
- 鏡
- 首もとのあいた白い服
- ヘアクリップ

> カバー裏をチェック！

診断の方法

1 照明環境を整える

太陽光の入る明るい室内で診断しましょう。室内の照明は、青みや赤みを感じない自然な昼白色が理想的です。赤みがかった電球色や青みが強い昼光色だと、診断結果に影響が出てしまうことも。

2 メイクを落として髪をまとめる

素顔になり、首もとがあいた白い服で診断します。
顔回りの髪をヘアクリップで留め、ロングヘアなら後ろ髪もまとめましょう。顔回りのアクセサリーや眼鏡、カラーコンタクトも外します。

3 グラデーションカラースケール®を当てる

グラデーションカラースケール®を端から端までゆっくり動かし、似合う色の範囲を判断します。
もし周りに人がいるようなら、「好印象」と思う範囲を教えてもらうのもオススメ。

STEP 1 ベースカラー

ベースカラーってこんなこと

　パーソナルカラーを調べるときに、一番注目されるのがベースカラー。自分の肌や瞳、唇の色などとの調和を知ることができて、健康的で美しく見せてくれるベースカラーは、診断に欠かせない要素です。

　グラデーションカラースケール® では、5タイプを診断することができます。イエローベースの色が似合うYYとY。YYはイエローベースの中でも、黄みの強い色が似合うタイプです。スケールでYYの部分を当てて肌が黄色く見えてしまうと感じたら、イエローベースの中でもYYではなくYである、と判断します。

　ブルーベースが似合うBBとB。BBはブルーベースの中でも青みが強い色です。日本人は色白にあこがれる人が多いので、自己診断すると色白に見えやすいブルーベースを似合う色と判断しがちですが、血色が悪く見えていないか慎重に確認してくださいね。

　もちろん、どちらによってもしっくりこない場合もあります。そんなあなたは新しい概念であるニュートラルのNタイプです。

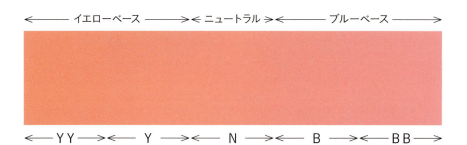

> ベースカラー

マイタイプチェックリストの使い方

1 P21の「診断の方法」を参考に、診断環境を整えます。

⬇

2 本書カバー裏のスケールを顔の下に当てます。

⬇

3 P24のチェックリストを見ながら、1〜5のどこに当てはまるか確認します。

| 1 | 2 | 3 | 4 | 5 |

⬇

4 当てはまるところに○をつけましょう。

⬇

5 ○が一番多い番号に対応するのがあなたのタイプです！

早速チェック！

ベースカラー
MY TYPE CHECK LIST

スケールを当てて注目するポイントはこちら。自分にぴったりな色を見つけて、毎日の色選びを楽しみましょう。一番○が多いのがベスト、二番目がベターのタイプになります。

診断その①

CHECK 1 髪にツヤが出るのは？

| 1 | 2 | 3 | 4 | 5 |

CHECK 2 瞳の色がキレイに輝くのは？

| 1 | 2 | 3 | 4 | 5 |

CHECK 3 肌の色ムラが目立たないのは？

| 1 | 2 | 3 | 4 | 5 |

CHECK 4 しみ・しわ・くすみが薄く見えるのは？

| 1 | 2 | 3 | 4 | 5 |

CHECK 5 一番引き締まって見えるのは？

| 1 | 2 | 3 | 4 | 5 |

1 にチェックが多い あなたは……	イエローベース **YY** Type	→ P44 P80	
2 にチェックが多い あなたは……	イエローベース **Y** Type	→ P50 P86	
3 にチェックが多い あなたは……	ニュートラル **N** Type	→ P56 P92	
4 にチェックが多い あなたは……	ブルーベース **B** Type	→ P62 P98	
5 にチェックが多い あなたは……	ブルーベース **BB** Type	→ P68 P104	

STEP2
明度

明度ってこんなこと

「明るさの度合い」というとおり、色の明るさを表す要素です。白が最も明るい色で、そこに少しずつ黒を混ぜていきます。白をまったく感じられない黒が、最も暗い色となります。

明度スケールは、白と黒のグラデーションの間で、最も似合う明度を見つけることができるスケールです。

ライトタイプの人は、最も明るい白が似合います。例えば、暗い色が増えがちな冬物のコートも、明るい色に挑戦するとしっくりきます。

ライトグレイタイプの人は、少量の黒が混じった色が似合います。日に焼けていない肌の色に近い、馴染みの良い色なので、こなれた印象が得意です。

グレイタイプの人は、黒と白のちょうど中間が似合います。ほかのタイプの人が身につけるとくすんで見えがちですが、グレイタイプの人が着るとオシャレな雰囲気を演出できます。

ダークグレイタイプの人は、ほぼ白を感じることがない、黒に近い色が似合います。スーツなどの正装でも、ネービーやチャコールグレイをキレイに着こなせます。黒も似合いますが、少し重さを感じさせます。

ダークタイプの人は、ほかの色を感じない黒が似合います。オールブラックのコーディネートでも、スタイリッシュに着こなします。

診断その②
明度スケールを当てて、顔色が良く見える数字をチェック！

1　　2　　3　　4　　5

1 Light Type
ライトタイプ

が顔色良く見えるあなたは……

- 白やとても明るい色が似合います
- 色白に見えます
- しみやしわが薄く見えます

2 Light gray Type
ライトグレイタイプ

が顔色良く見えるあなたは……

- 明るい色が似合います
- 若々しく見えます
- ①は、さみしく見えます

3 Gray Type
グレイタイプ

が顔色良く見えるあなたは……

- 中明度の色が似合います
- 自然な血色を感じます
- 健康的な印象です

4 Dark gray Type
ダークグレイタイプ

が顔色良く見えるあなたは……

- 暗めの色が似合います
- 顔に立体感が出ます
- ⑤は、色黒く見えます

5 Dark Type
ダークタイプ

が顔色良く見えるあなたは……

- 黒やとても暗い色が似合います
- 目力が強く見えます
- フェイスラインが引き締まります

明度
スケール

① **Light** Type

② **Light gray** Type

③ **Gray** Type   ④ **Dark gray** Type   ⑤ **Dark** Type

STEP 3 彩度

彩度ってこんなこと

　色の鮮やかさの度合いを指します。例えば、真っ赤な絵の具にグレイの絵の具を少しずつ混ぜていくと、どんどんグレイの色合いが増えていきます。赤の量が多いほど彩度は高く、少ないほど彩度は低い状態です。

　ビビッドタイプの人は、最も彩度が高い色が似合います。「純色」とよばれる、グレイがまったく混じらない色を身につけても、色の強さに負けずに、相乗効果で明るく見せてくれます。

　ハイクロマタイプの人は、若干グレイが混じった色が似合います。色の鮮やかさも反映されるので、しゃれた印象になります。ビビッドタイプを身につけると、派手に見えてしまいます。「クロマ」とは英語で彩度のことです。

　ミディアムタイプの人は、半量ほどグレイが混じった色が似合います。色みは残しつつ、落ち着いた印象を与えます。

　ロークロマタイプの人は、グレイを強く感じる色が似合います。より大人っぽく、セクシーな印象をもたらします。アッシュタイプを身につけると、さみしく見えてしまいます。

　アッシュタイプの人は、ほとんど色を感じないグレイが似合います。もともと肌の血色が良い人が多いため、シックな色もオシャレに着こなします。自分の似合う明度と組み合わせることで、抜け感が出ます。

> P32　診断その③
> 彩度スケールを当てて、顔色が良く見える数字をチェック！

| 1 | 2 | 3 | 4 | 5 |

1 Vivid Type
ビビッドタイプ

純色

が顔色良く見える
あなたは……

- とても鮮やかな色が似合います
- イキイキと元気に見えます

2 High chroma Type
ハイクロマタイプ

高彩度

が顔色良く見える
あなたは……

- 鮮やかな色が似合います
- ツヤや血色が増します

3 Medium Type
ミディアムタイプ

中彩度

が顔色良く見える
あなたは……

- セミマットな質感が似合います
- 穏やかなイメージです

4 Low chroma Type
ロークロマタイプ

低彩度

が顔色良く見える
あなたは……

- 色みの少ない色が似合います
- 肌がなめらかに見えます

5 Ash Type
アッシュタイプ

準無彩色

が顔色良く見える
あなたは……

- ほとんど色みのない色が似合います
- 肌がすっきり見えます

彩度スケール | ① **Vivid** Type | ② **High chroma** Type

3 Medium Type

4 Low chroma Type

5 Ash Type

同じ色で印象を変える トーンを活用する

　明度と彩度をかけ合わせたトーン。それぞれに名前がついていて、感じる印象も変わってきます。服やメイクを選ぶうえで、各トーンのイメージを活用すると良いでしょう。印象を自在に変えられるようになると、色選びをさらに楽しめます。

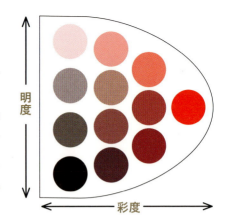

ビビッド Vivid 冴えた色み	明度 Gray Type × 彩度 Vivid Type	得意なイメージ: 鮮やか、イキイキ、積極的、派手
ブライト Bright 明るい色み	明度 Light gray Type × 彩度 High chroma Type	得意なイメージ: 健康的、陽気、華やか
ストロング Strong 強い色み	明度 Gray Type × 彩度 High chroma Type	得意なイメージ: 情熱的、動的、くどい
ディープ Deep 濃い色み	明度 Dark gray Type × 彩度 High chroma Type	得意なイメージ: 深い、伝統的、和風
ライト Light 浅い色み	明度 Light gray Type × 彩度 Medium Type	得意なイメージ: 澄んだ、爽やか、楽しい
ソフト Soft 柔らかい色み	明度 Gray Type × 彩度 Medium Type	得意なイメージ: 穏やか、ぼんやり
ダル Dull くすんだ色み	明度 Gray Type 〜 Dark gray Type × 彩度 Medium Type	得意なイメージ: 調和、くすみ、中間色

ダーク
Dark
暗い色み

明度 Dark gray Type 〜 Dark Type
× 彩度 Medium Type
得意なイメージ 円熟、暗い

ペール
Pale
淡い色み

明度 Light Type × 彩度 Low chroma Type
得意なイメージ かわいい、ロマンチック

ライトグレイッシュ
Light grayish
明るいグレイがかった色み

明度 Light gray Type × 彩度 Low chroma Type
得意なイメージ 落ち着いた、渋い、おとなしい

グレイッシュ
Grayish
グレイの色み

明度 Gray Type 〜 Dark gray Type
× 彩度 Low chroma Type
得意なイメージ エレガント、濁った、灰みの

ダークグレイッシュ
Dark grayish
暗いグレイがかった色み

明度 Dark gray Type 〜 Dark Type
× 彩度 Low chroma Type
得意なイメージ 重厚感、趣き、男性的

トーン×色彩心理で印象は操れる！

P120 で紹介している色彩心理と組み合わせると、より自在に印象を操れるようになります。少し上級者向けではありますが、色がもたらす印象を意識して取り入れ、大事なシーンで使い分けてみると良いかもしれません。

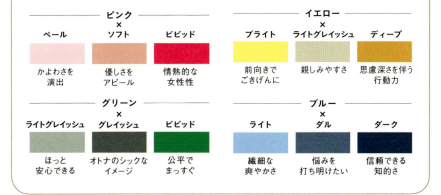

STEP 4
清濁
せいだく

清濁ってこんなこと

　純色に白か黒を混ぜた清色と、グレイが混ざった濁色を「清濁」と呼びます。清濁は、色のキホンの図ではなく、トーンの図で説明します。純色に白を混ぜた色を明清色、黒を混ぜた色を暗清色と呼びます。暗清色は、一見濁っているように感じますが、黒だけを混ぜた清色の仲間です。清濁がパーソナルカラーに与える影響は大きく、診断に欠かせない要素です。

　ライトクリアタイプの人は、明るいクリアカラーの明清色が似合います。澄んだ色なので、ツヤ感のあるものが向いています。

　ライトクラウディタイプの人は、明るいくすみカラーの明濁色が似合います。わずかにグレイが混じった色なので、柔らかな印象を与えます。

　クラウディタイプの人は、中明度のくすみカラーの濁色が似合います。明度・彩度ともに中間なので、肌馴染みの良さを意識しましょう。

　ダーククラウディタイプの人は、暗いくすみカラーの暗濁色が似合います。強い印象を穏やかに見せてくれる効果があります。

　ダーククリアタイプの人は、暗いクリアカラーの暗清色が似合います。顔に立体感が出て、ハッキリとした印象になります。

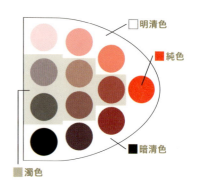

P38　診断その④
清濁スケールを当てて、顔色が良く見える数字をチェック！

| 1 | 2 | 3 | 4 | 5 |

1 Light clear Type
ライトクリアタイプ

明るい清色

が顔色良く見える
あなたは……

→ ・明るいクリアカラー
・肌にツヤが増します

2 Light cloudy Type
ライトクラウディタイプ

明るい濁色

が顔色良く見える
あなたは……

→ ・明るいくすみカラー
・しみやしわが
　目立たなくなります

3 Cloudy Type
クラウディタイプ

濁色

が顔色良く見える
あなたは……

→ ・中明度のくすみカラー
・なめらかな肌に
　見えます

4 Dark cloudy Type
ダーククラウディタイプ

暗い濁色

が顔色良く見える
あなたは……

→ ・暗いくすみカラー
・マットな肌に見えます

5 Dark clear Type
ダーククリアタイプ

暗い清色

が顔色良く見える
あなたは……

→ ・暗いクリアカラー
・目力が増します

清濁スケール **① Light clear** Type **② Light cloudy** Type

③ Cloudy Type

④ Dark cloudy Type

⑤ Dark clear Type

COLUMN

30代から変化する 「色選び」

　女性ホルモンのピークは、25〜30歳前後と言われています。その年齢を過ぎると少しずつ減少していき、次のステージに向けてからだに変化を感じはじめます。

　だからといってそれを嘆くことはありません。ここでは、30歳以上の各年代ごとに悩んでしまいがちなことと、それを楽しみながら解消できる色をご提案します。

　年齢を重ねる過程で、そのときどきの状態に合わせて、あなたに似合う色をチェックして楽しんでくださいね。

〜30代前半

20代からそれほど大きなからだの変化は感じにくい年齢です。乾燥肌や彫りの深い顔立ちなら、目の周りのしわが気になりはじめるかも。明るい色を意識して身につけると、しわを目立たなくさせてエネルギッシュなイメージに。

カバー色

| イエローベース | ニュートラル | ブルーベース |

30代後半

朝起きたときに、頬についていた枕のあとが、なかなか取れない！なんて経験はありませんか？ 30代後半から徐々に代謝機能が低下していきます。そんな30代後半は澄んだ明るめの色を身につけると、ハリと透明感が得られます。

- 肌の弾力低下は、イエローベース寄りの色や高彩度の色でカバー。
- くすみには、ブルーベース寄りの色や明るい色が効果的。

40代

40代になると、肌の水分量が減少しはじめます。肌の乾燥は老化の大敵。普段のケアが肌に現れやすくなるので、秋冬だけではなく、常に保湿を心がけましょう。ソフトな色を身につけると、しみやしわをぼかして、なめらかな肌に見せてくれる効果があります。

- しみや肝斑は、濁色でぼかしたり、高明度色の効果で目立たなくします。

50代

50代からの10年ほどが更年期と言われています。女性ホルモンのエストロゲンが大きく減少するため、これまでとの変化に悩みやすくなるかもしれません。だからこそ、女性ホルモンの活性化に効果的なピンクで血色をプラスして、楽しんでしまいましょう。

- 深いしわには、明るい色が効果的。
- たるみには、似合う色から、彩度高めの清色を選んでみて。

60代〜

更年期が終わり、老年期に入ります。エストロゲンが欠乏するため、肌のトラブルは深いところになることがあります。60代以降は、イキイキ見えるのが一番。パッと明るく見える、白に近いパステルカラーがオススメです。

- マリオネットラインが目立ってきたら、高明度色でカバー。

PART

3

パーソナルカラーで メイクを楽しむ

まず、5タイプの基礎知識を確認。
肌色に合わせた「似合うメイク」と、シーン別で
顔色が華やぐオトナメイクを紹介します。

オトナっぽくしっとりしたリッチな色づかいが似合う

YY イエローベース
Yellow Yellow Type

←― YY ―→

髪
黄みの強いオレンジ系も似合うYYタイプ。流行りのグレイヘアは、ゴールドを少し混ぜてみても◎。もとの髪色も明るいので、気になる場合は深い色の帽子でカバー。

服
色みが強い色を選ぶときは「こっくり感」を意識して。黄みが強すぎるとくどくなることもあるので、強い色は1色に。

ベースメイク
ファンデーションはピンクよりも、イエローが強い色がオススメ。

メイク
アイシャドウやアイライナーはブラウン系、チークやリップはオレンジを意識。

アクセサリー
ゴールドのアクセサリーは肌馴染みも良く、顔色を明るく見せてくれます。

ほかのカラータイプと合わせると……?

 Y
血色が少し引きますが、似合います。

N
色白には見えますが、ハリが失われます。

 B
肌は、くすみやたるみが目立ちます。

 BB
しわは深く、くすみは強く見えます。

こんな色が似合います

こっくりとした濃い黄色やオレンジ、黄緑がメイン。
得意なトーンならYタイプの色も似合います。

サフランイエロー

明るい印象に

ストロングオレンジ

パワフルに見せたい

シーグリーン

フレッシュ

マスタードイエロー

こなれた大人っぽさ

フォックス

リッチな印象

モスグリーン

大人カジュアル

キャメル

マダム風

バーントオレンジ

セクシーな印象

ブラウンオリーブ

かっこいい女性

ベーシックカラー
<<YY・Y共通>>

あまり色の主張がなく、
肌馴染みの良い色がベーシックカラーです。
YYタイプの人は、ベージュや茶系が特に似合います。

クリームホワイト

肌を明るく

アイボリー

肌馴染みの良さ

ベージュ

年中活躍する万能色

コーヒーブラウン

穏やかに

ミディアムブラウン

カジュアルリッチ

マリンネービー

知的で爽やか

YY Type
Make －肌色に合わせたメイク－

Dark 小麦肌〜標準肌

ヘアカラー

モスブラウン

グリーンがかったブラウンヘアは、YYタイプの中でもグレイッシュなトーンがお似合いの人にぴったりです。

アイブロウ

ダークブラウン

ヘアカラーの明度に合わせた落ち着いたブラウンは、合わせる色を選ばない万能色です。

ファンデーション

ベージュ

肌馴染みが良い色だからこそ、セミマットなものを選んでヌーディーに。

| YYの特徴 | くすみやすい悩みをもつ人が多いので、メイクカラーは暗くなりすぎないようにしましょう。 |

 Light 明るめの標準肌～色白肌

ヘアカラー

ミディアムブラウン

傷みがちなオトナの髪は、自然なグレイヘアでなければ、明るすぎると品なく見えます。地毛に近い色でナチュラルにカバー。

アイブロウ

ハニーブラウン

ヘアカラーに合わせて明度を合わせましょう。クリアカラーが似合う人向けの色です。

ファンデーション

イエローベージュ

明るい肌の色のYYタイプなら、ほかに選ぶカラーは華やかな色がオススメ。

YY Type
Make －シーンに合わせたメイク－

 Office　YYタイプのオフィスメイクは、しつこくならないようにカラーは控えめに、引き算して仕上げるのがポイント。

アイシャドウ

ライトキャメル
普段使いのアイシャドウにオススメです。落ち着いた雰囲気なので、オフィシャルなシーンにも。

チーク

キャロット
シックなオフィスでのメイクでも、健康的にツヤっぽく見せてくれます。

リップ

コーラルオレンジ
この色のリップのときは、チークもオレンジ寄りのものをセレクト。じゅわっとナチュラルな血色に見せてくれます。

ネイル

オリーブイエロー
落ち着いたオトナの女性を演出。

Special

黄みが強くこっくりした色みは、しっとりした女性らしさをかもしだしてくれます。

チーク

ライトサーモン

ふんわり華やかなイメージ。少し赤みをプラスすると、血色良く見えます。

アイシャドウ

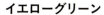

イエローグリーン

派手な色も敬遠せず、ぼかしながら塗ってみて。明るく若々しい印象になります。

リップ

サーモンピンク

YYタイプの中でも、華やぐ色です。シーンに合わせて、濃さを調節してみましょう。薄づきならかわいくなります。

ネイル

サンディーブラウン

手肌を美しく見せる、YYタイプの肌に馴染みの良い色。

パステルカラーも含まれるあたたかな印象のタイプ

Y Yellow Type
イエローベース

← Y →

髪
地毛が茶系の人が多い。清色が似合うタイプの人はオレンジ系のブラウン、濁色が似合うタイプの人ならグリーン系がオススメ。

服
YYタイプより明るい色が似合う人が多い。彩度が高い色を選ぶときは、顔色が黄色く見えすぎていないか注意して。

ベースメイク
ファンデーションは、イエロー寄りのベージュが馴染みやすい。

メイク
アイシャドウはベージュやブラウン系、アイライナーはブラウン系、チークやリップはコーラル系のピンクがぴったり。

アクセサリー
肌馴染みの良いゴールド。合わせるときは、明るい色と一緒に。

ほかのカラータイプと合わせると……?

YY — 黄みが強すぎて顔色が濁ります。

N — 色白に見えますが、もの足りなさを感じます。

B — 血色が引いて、不健康に見えます。

BB — 肌のハリを失い、青ざめて見えます。

こんな色が似合います

全体的にあたたかみのあるイメージの色がそろいます。
YYタイプに比べて明るい色が多いのが特徴。

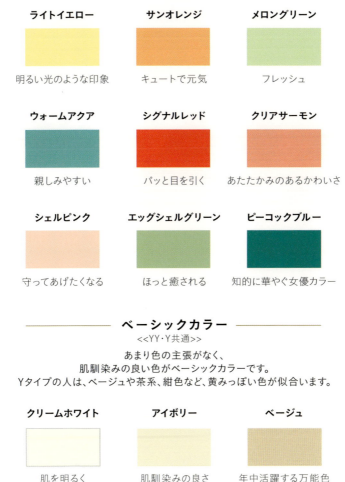

ライトイエロー	**サンオレンジ**	**メログリーン**
明るい光のような印象	キュートで元気	フレッシュ

ウォームアクア	**シグナルレッド**	**クリアサーモン**
親しみやすい	パッと目を引く	あたたかみのあるかわいさ

シェルピンク	**エッグシェルグリーン**	**ピーコックブルー**
守ってあげたくなる	ほっと癒される	知的に華やぐ女優カラー

ベーシックカラー
<<YY・Y共通>>

あまり色の主張がなく、
肌馴染みの良い色がベーシックカラーです。
Yタイプの人は、ベージュや茶系、紺色など、黄みっぽい色が似合います。

クリームホワイト	**アイボリー**	**ベージュ**
肌を明るく	肌馴染みの良さ	年中活躍する万能色

コーヒーブラウン	**ミディアムブラウン**	**マリンネービー**
穏やかに	カジュアルリッチ	知的で爽やか

Y Type
Make －肌色に合わせたメイク－

Dark 小麦肌〜標準肌

ヘアカラー

コッパーブラウン

上品なイメージ。シーンを選ばない、好印象なオトナのヘアカラーです。

アイブロウ

ナチュラルブラウン

落ち着いた印象で、イエローベースによく似合います。瞳やヘアカラーも、ダークブラウン系の人に。

ファンデーション

ナチュラルベージュ

自然で健康的な印象です。Yタイプの中でも標準的な肌色のタイプに。

| Yの特徴 | じんわりあたたかく、体温が高く見える暖色が得意なYタイプ。明るい色はキュート、暗い色はゴージャスなイメージに。 |

Light　明るめの標準肌〜色白肌

ヘアカラー

ソフトブラウン

明るめのトーンが似合う人に。傷んで見えやすい明るい髪は、柔らかい色を選ぶことでカバーします。

アイブロウ

アプリコットブラウン

ヘアカラーと色みを合わせて、キュートなイメージに。瞳が明るく、似合うトーンも明るめの人に似合います。

ファンデーション

アイボリー

色白でクリアな肌のタイプに。首との差も見ながら、顎に近い部分の色を選びます。

Y Type
Make －シーンに合わせたメイク－

チークで血色を調整して、得意なナチュラルテイストにまとめます。

アイシャドウ

オレンジベージュ

肌馴染みが良い色です。くすみがちなオトナのまぶたを、クリアで健康的に見せてくれます。

チーク

アプリコット

イキイキ健康的に見える色です。ダークなチークは疲れて見えるので、注意して。

リップ

タンジェリンピンク

Yタイプがよく似合う得意色。健康的で若々しいイメージです。

ネイル

アーモンド

何色の服と合わせてもぴったりマッチする万能カラー。

Special　ツヤを意識しつつ、ポイントカラーは発色を楽しんで。

チーク

ライトサーモン

ふんわり華やかなイメージ。少し赤みをプラスすると、血色良く見えます。

リップ

トマトレッド

難易度の高そうな赤い口紅も、少し黄みがかった赤を選べばOK。

ネイル

マカロンオレンジ

肌にとけ込むように馴染みます。スペシャルなシーンにぴったりな色。

アイシャドウ

ライトグリーン

爽やかなイメージを演出したいときに。濃淡の加減で、オフィシャルにも使えます。

ニュートラルだからこそ似合う色の真ん中を知って個性的に

N ニュートラル

Neutral Type

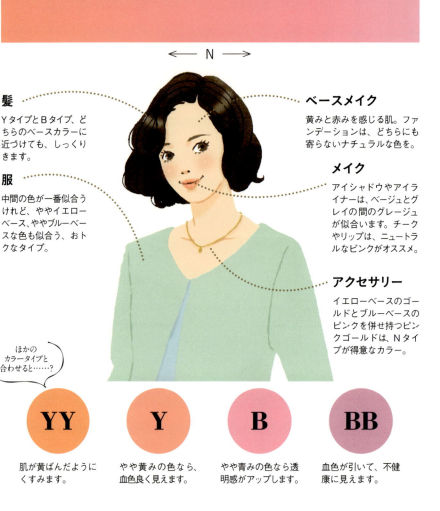

← N →

髪
YタイプとBタイプ、どちらのベースカラーに近づけても、しっくりきます。

服
中間の色が一番似合うけれど、ややイエローベース、ややブルーベースな色も似合う、おトクなタイプ。

ベースメイク
黄みと赤みを感じる肌。ファンデーションは、どちらにも寄らないナチュラルな色を。

メイク
アイシャドウやアイライナーは、ベージュとグレイの間のグレージュが似合います。チークやリップは、ニュートラルなピンクがオススメ。

アクセサリー
イエローベースのゴールドとブルーベースのピンクを併せ持つピンクゴールドは、Nタイプが得意なカラー。

ほかのカラータイプと合わせると……?

YY 肌が黄ばんだようにくすみます。

Y やや黄みの色なら、血色良く見えます。

B やや青みの色なら透明感がアップします。

BB 血色が引いて、不健康に見えます。

こんな色が似合います

イエローベースとブルーベースの間なので、顔色の黄みを強く見せたり
青白く見せたりすることがほとんどありません。

アイシーイエロー	ベビーピンク	ペールグリーン
若見え効果抜群	透明感	爽やか
ブライトチェリー	エメラルドグリーン	コバルトブルー
イキイキした血色	若々しい	スポーティー
パープル	ダスティジェイド	トゥルーレッド
ミステリアス	しみやしわを緩和	主役カラー

ベーシックカラー

あまり色の主張がなく、
肌馴染みの良い色がベーシックカラーです。
Nタイプの人は、グレージュや、オフホワイトが似合います。

オフホワイト	パールホワイト	オイスターグレイ
顔色を明るく	くすみをすっきり	上品
グレージュ	オターグレイ	インディゴ
都会的	シックな大人色	スリムに見える

N Type
Make －肌色に合わせたメイク－

 Dark 小麦肌〜標準肌

ヘアカラー

ダークブラウン

似合う人が多い、クセのない定番カラー。

アイブロウ

グレイッシュブラウン

グレイッシュな色で整えることで、オシャレな眉毛を演出できます。

ファンデーション

オークル

YタイプにもBタイプにも寄らないので、Nタイプにぴったり。クセのない健康的な色。

| Nの特徴 | ベースカラーが中間のNタイプは、なりたいイメージをメイクでつくることが得意です。 |

Light 明るめの標準肌〜色白肌

ヘアカラー

メープルブラウン

髪にツヤがあり、明るめのトーンが似合う人に。

アイブロウ

モカブラウン

似合うトーンが明るめなら、柔らかくて明るい色をセレクト。

ファンデーション

イエローピンク

NタイプがベストでBタイプがベターな、明るめの肌の人に馴染みます。

N Type
Make —シーンに合わせたメイク—

 Office 　合わせやすいグレージュのアイシャドウはNタイプのマストカラー。この色とカラーのかけ合わせを重宝して。

アイシャドウ

グレージュ

普段使いのベーシックカラーとして、どんなシーンでも使えます。

チーク

ソフトコーラル
肌に馴染みやすく、血色良く見せてくれる色です。

リップ

ソフトピンク
清色が苦手な人には、少しグレイッシュなピンクがオススメ。

ネイル

フレッシュピンク
好感度の高い万能カラー。Nタイプの肌に馴染みます。

Special 似合う色が多いNタイプは、華やかにエレガントにと、イメージづくりが得意。あなたの個性を活かして。

チーク

コーラルピンク

パーティーの場など、華やかなイメージをつくりたいなら。

リップ

ペタルピンク

濃淡の調節でキュートから華やかさまで幅広く演出できます。

ネイル

ローズブラウン

シックなオトナ色。ベーシックカラーのファッションに便利。

アイシャドウ

アクアティント

爽やかで、すがすがしいイメージ。

品良くエレガントな色を爽やかに着こなす

B Blue Type
ブルーベース

←― B ―→

髪
地毛は黒や赤茶が多い。ヘアカラーには、赤みの強い色やアッシュ系がオススメ。

ベースメイク
ファンデーションは、ピンク系がしっくりきます。イエローオークル系は、肌がくすんで見えてしまうので注意。

メイク
アイシャドウはグレイ、アイラインはグレイや紺、黒が決まります。チークやリップはローズやワインレッド系に。

服
肌をすっきり見せる、クールなイメージの服が似合います。

アクセサリー
シルバー単体でなく、アクセントに得意な色を持ってくると◎。

ほかのカラータイプと合わせると……?

 YY
色黒に見えるほど黄ぐすみします。

 Y
肌色が黄ばんだようにくすみます。

 N
トーンによっては似合う色もありますが、肌が少し濃く見えます。

BB
トーンによっては似合いますが、血色が引きます。

こんな色が似合います

全体的にクールなイメージのBタイプ。
黄色・オレンジ・黄緑は苦手色。

コチニールレッド
ドキッとさせる

パウダーピンク
初々しく見える

ペールブルー
高い色白効果

ロイヤルブルー
知的で上品

オーキッドピンク
フェミニン

セレストブルー
好印象カラー

ティールグリーン
安心感を与える

パンジー
色っぽさと高貴さ

ロータスピンク
華やかなヒロイン

ベーシックカラー
<<B、BB共通>>

あまり色の主張がなく、
肌馴染みの良い色がベーシックカラーです。
Bタイプの人は、純白やグレイ、黒が得意です。

ピュアホワイト
顔色を明るく

シルバーグレイ
洗練

モーブグレイ
エレガント

グレイ
シックで都会的

ネービー
清楚

ブラック
引き締めカラー

B Type
Make －肌色に合わせたメイク－

Dark 小麦肌〜標準肌

ヘアカラー

ラズベリーブラウン

暗めのヘアカラーにするなら、赤紫系の落ち着いたブラウンをセレクト。

アイブロウ

ブラウングレイ

シックなイメージでオトナの落ち着いた眉カラーに。

ファンデーション

ピンクオークル

Bタイプの健康的な肌色です。

| Bの特徴 | 肌にのせる色は、頬の血色が基準。ブルーベースの色みをのせると透明感がアップ。 |

 Light　明るめの標準肌〜色白肌

ヘアカラー

ロゼブラウン

赤みを感じるブラウン。明るめのトーンが似合う人に。

アイブロウ

サンドベージュ

明るめのトーンが似合う人のための、Bタイプの茶色。

ファンデーション

ナチュラルピンク

透明感がある、明るめの肌を演出。

B Type
Make －シーンに合わせたメイクー

💻 Office　派手に見えがちなBタイプのオフィスメイクは似た色で馴染ませていきましょう。

アイシャドウ

ライトブルー
華やかさもありながら、爽やかで知的なイメージに。

チーク

ナチュラルピンク
肌の透明感もアップして見せる万能色。

リップ

ローズピンク
冴えたクリアカラーなら、顔色もイキイキ見えます。

ネイル

オペラピンク
Bタイプの色白肌や赤み肌向けの、定番ピンク。

Special 頬の赤みに合わせたチークとリップをセレクト。アイシャドウで遊び心を演出します。

チーク

フレッシュレッド
オトナの肌を、ツヤっぽく見せてくれる色。

アイシャドウ

ライラック
かわいすぎない、オトナのフェミニンな目もとに。

リップ

スイートローズ
濁色が似合う人が得意な、落ち着いたローズ。

ネイル

カシスレッド
シックでセクシーな、深みのある色。

モダンでセクシーなオトナの色気が得意

BB ブルーベース Blue Blue Type

←── BB ──→

髪
地毛の色は黒髪やアッシュ。バイオレットカラーも似合いますが、茶髪だと品がなく見えてしまいます。

ベースメイク
もともと肌の赤みが強いタイプ。ピンク系のファンデーションで透明感がアップ。

メイク
涼やかなカラーがよく似合う。ラベンダーが得意色。チークやリップも、紫がかったピンクや赤を意識して。

服
青みの強い色がすっきり美しく見えるタイプ。黄色、オレンジ、黄緑が苦手カラー。

アクセサリー
シルバーのアクセサリーを身につけると、爽やかな印象に。

ほかのカラータイプと合わせると……?

YY 肌が暗く濁り、しみやしわが強調されてしまいます。

Y 色黒に見えるほど黄ぐすみします。

N 少し肌色が濃く見えます。

B 似合いますが、BBのほうが透明感が増します。

こんな色が似合います

ほかのタイプが身につけると顔の血色が引いて見えてしまう、明るい青紫を着こなすタイプ。得意なトーンなら、Bタイプの色も似合います。

アイシーバイオレット
抜群の透明感

ラベンダー
クールな気品

エコーブルー
しみやしわを軽減

フューシャピンク
かわいさと色っぽさ

ダスティモーブ
穏やかでエレガント

クラウディピンク
明るくなめらかな肌

バイオレット
高貴で
大人っぽい印象

マゼンタ
華やかに
血色を与える

アイリスブルー
クールでミステリアス

ベーシックカラー
<<B、BB共通>>

あまり色の主張がなく、
肌馴染みの良い色がベーシックカラーです。
BBタイプの人は、純白や、青みがかったグレイ、黒が得意です。

ピュアホワイト
顔色を明るく

シルバーグレイ
洗練

モーブグレイ
エレガント

グレイ
シックで都会的

ネービー
清楚

ブラック
引き締めカラー

BB Type
Make －肌色に合わせたメイク－

Dark　小麦肌〜標準肌

ヘアカラー

バイオレットブラウン

赤紫系のヘアカラーは、ミステリアスなオトナ色。

アイブロウ

ココアグレイ

ヘアカラーの明度に合わせて、赤みがかったブラウンがオススメ。

ファンデーション

ナチュラルローズ

BBタイプの中でも肌の青みが強い、小麦肌〜暗めの標準肌の人に。

| BBの特徴 | BBタイプの色を使ったメイクは、クールビューティーNo.1。 |

 Light 明るめの標準肌～色白肌

ヘアカラー

アッシュブラウン

青みを感じるブラウンヘアなら、顔色がくすみません。

アイブロウ

アッシュグレイ

黒のアイブロウでは眉が目立ちすぎます。グレイで垢抜けた印象に。

ファンデーション

フレッシュピンク

特に色白の人に。肌をくすませない明るいピンクなら、変に浮きません。

BB Type
Make －シーンに合わせたメイク－

 Office クールになりすぎないように、少し青みを抑えた色で親しみやすさを取り入れて。

アイシャドウ

シルバーグレイ
まぶたのくすみを一掃。もちろん普段使いにも。

チーク

ローズピンク
血色に合ったチークなら鮮やかな色でも、透明感のある肌に。

リップ

ライトモーブ
オトナのくすみをコントロールして明るいイメージに。

ネイル

シスル
クールの中にも、かわいらしさを忘れずにアピール。

Special 　紫を使いこなせば、クールビューティーの本領を発揮できます。

チーク

ラベンダーピンク
青みが強いクールなピンクは、定番カラーにしてもOK。

アイシャドウ

ヘリオトロープ
クールビューティーを目指すなら、気品のある色をセレクト。

リップ

プラムレッド
特別な日は深い青みレッドで、オトナの魅力があふれる唇。

ネイル

ライラックムース
少し濁りのある、上品なネイルカラー。

メイクのお悩み相談室1

加齢でしみ・しわが気になる

パール感のあるフェイスパウダーで自然にカバー♪

　悩ましいしみやしわ。隠そうとするあまり重ねすぎて、悪目立ちしてしまうことはありませんか？　コンプレックスを隠すために濃いメイクをして老けて見られるよりも、フェイスパウダーの色を活用して自然にカバーしましょう。

　選ぶときのポイントは２つあります。まずは「明るさ」。しみは暗い色素、しわも暗い影。どちらも肌の色よりも暗いですよね。白いお粉も万能ですが、自分の肌に近い色を選ぶファンデーションよりワンランク明るめを選ぶと、より自然な肌を演出します。

　もうひとつは「パール感」。光の効果で、しみ・しわを目立たなくしてくれます。メイクの仕上げにブラシでサッと一手間かけるだけで、大人の肌悩みを解決できますよ。

合わない色がくすんで見えてしまう……

いつものファンデの色

フェイスパウダーの色
明るめのオークルをセレクト

疲れると顔色がどんより見えがち……

いつものファンデの色

フェイスパウダーの色
ナチュラルを選んでカバー

身につける色の影響を受けやすくて……

いつものファンデの色

フェイスパウダーの色
ピンクオークルですっぴん風に

色白を意識するとなぜか蒼白に見られる……

いつものファンデの色

フェイスパウダーの色
ピンクで血色を足して

疲れが溜まると「体調悪い？」と聞かれる……

いつものファンデの色

フェイスパウダーの色
ラベンダーを活用

メイクのお悩み相談室2

たるみが色で隠せるって本当?

リフトアップには、イエローベースの色が効果的です。ブルーベースの人は、ニュートラル寄りの色で調節します。トーンでいうと、中彩度以上の清色を合わせると良いでしょう。

濁色のほうが似合うなら、濁色の中でもできるだけ濁りの少ない、清色寄りの色をオススメします。

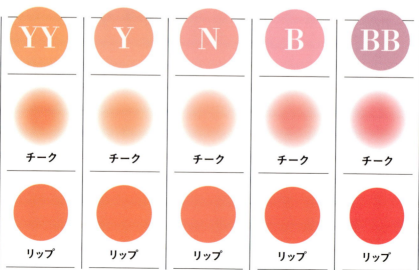

メイクのお悩み相談室3

トーンアップの
ファンデーションが
浮いてしまう

　ファンデーションを塗っても顔色が悪く見える多くの原因は、黄ぐすみです。これを解消するには、補色のブルーベースを使用したコントロールカラーが効果的。イエローベースの人はニュートラルで調節します。

　なめらかな肌に見せてくれる濁色に高明度を合わせると、レフ板効果を発揮します。ほかのお悩みもコントロールカラーで調整できるので、試してみてください。

欲しい効果は？	使用色	このタイプに オススメ
黄ぐすみを抑えて 透明感を出したい ※1	パープル　　ブルー	Y・YY
ニキビ跡など 赤みを抑えたい	グリーン	B・BB
青白い肌に血色を与えて イキイキと見せたい	ピンク	B・BB
目立つ赤み、しみ、 そばかすを調整したい ※2	イエロー	YY～BB

※1 パープルは効果が高いので、使いすぎに注意。
※2 イエローベースの人が塗りすぎると黄みが強く見えてしまうので注意。

COLUMN

意識したい 洋服のかたち

　せっかくパーソナルカラーを用いて美しく装っても、本来よりもスタイルが悪く見えるファッションだったら残念ですよね。

　スタイルアップして見せるなら、体形のウィークポイントをカバーすることが大切。そして、自分の体形をよく知るためには、骨格診断がオススメです。体形は骨格に筋肉や脂肪がついて形成されていますが、筋肉や脂肪は変化するのに対し、骨格はほとんど変わらないからです。

　骨格診断は、ストレート、ウェーブ、ナチュラルの3つのタイプに分ける手法が主流です。ストレートは、立体感のある上重心のからだつき。シンプルなアイテムでIラインのシルエットがオススメ。ウェーブは、薄い胴体で下重心。上半身にはボリュームを加えて、下半身はふんわりとした着こなしをしましょう。ナチュラルは、全体的に四角いからだつきで骨が大きいタイプ。ゆったりとして、ラフな大人カジュアルが似合います。

　色で美しく、骨格でスタイリッシュに。仕上げは全体のバランスとイメージです。部分だけを見て全体を見ていないと、ちぐはぐなコーディネートになってしまいます。つくりたいイメージに向けて、診断結果を活用しながらコーディネートしていきましょう。

PART 4

パーソナルカラーで
ファッションを楽しむ

オフィスで「派手ではないのになぜかオシャレ」に見えて、
休日は街ゆく人をドキッとさせるコーディネートを紹介。5タイプの悩みを
カバーする色と、オススメしたい配色も紹介します。

YY Type
Styling

Tops

濁色なので、穏やかで打ち解けやすいイメージになります。仕事先で初めて会うクライアントに、やさしい印象に見られたいときに選ぶとベター。インナーにシャツを合わせるときちんとした場面にも。

Others

低明度で全体を引き締めると、カジュアルなニットもオフィス向けに。腕時計にはこだわってみて。コーディネートにゴールドをアクセントとして取り入れると、エレガントな印象を与えます。

Bottoms

トップスと同系色で低明度にすると、シックにまとまります。重心が下がるので、オトナっぽさや安定感を得られます。

| YYタイプ オフィスコーディネートの ポイント | ベーシックカラーを使って、すっきり仕上げる。円熟したオトナを感じさせる配色が得意。 |

Tops

オレンジは「パワーがある人」と感じられ、人々の注目を集める色です。エネルギッシュで目立つので、「似合うオレンジ選び」が大切。清色と濁色のどちらが似合うか、間違えないように選びましょう。

Bottoms

オレンジをはじめ、活動的なイメージをもたらすトップスの場合、白のボトムスがオススメ。鮮やかな色を際立たせ、さらに軽快な印象になります。

Others

ボトムスと同じく、白で統一します。オフィスコーディネートで主役級の鮮やかな色を使う場合は、"1点のみ"がポイント。くどくならないようにカラーコーディネートするのが、好印象の秘訣です。

YY Type
Styling Daily

One-piece
ワンピースは面積が大きいからこそ、似合う色を選ぶことがとても大事。YYタイプの清色は、肌にハリ・ツヤが出て、イキイキ見せてくれます。「少し派手かも」と敬遠してしまう人もいるかもしれませんが、社交的なイメージを全面に出す手助けをしてくれるので、ここぞというときに挑戦してみて。

Others
ドレスやワンピースで高彩度の服を選ぶなら、小物はシックなベーシックカラーで。イエローベースと相性が良いゴールドのアクセサリーと、顔色を明るく見せてくれるアクセントのパールは、YYタイプの必需品。靴の色は、バッグよりも明度を低くすると、派手になりすぎません。

YYタイプ デイリーコーディネートの **ポイント**	濃い黄みの色を存分に楽しんで。YYタイプが得意なオレンジ、黄色、緑の類似した色相でまとめるとオシャレ。

Tops

あえてトップスを主役にせず、アウターとボトムスの中間の色を選んでみて。派手ではないのに、なぜかオシャレに見えるワザです。ボトムスに類似の色相を選ぶことで、アウターを脱いでもまとまるワントーンコーディネートが完成。

Outer

根強い人気があるオリーブグリーンは、オトナカジュアルなイメージにぴったり。YYタイプの中でも濁色が得意なら、マストで持っておきたいアウターの色です。毎シーズン変わるトレンドカラーに合わせやすいですよ。

Bottoms

アウターがミリタリー系ジャケット、トップスがTシャツ……と、ここでさらにカジュアルなボトムスを選ぶと、コーディネートだけ若すぎる印象に。ツヤ感のあるブラウンのスカートで、しっとりリッチな雰囲気をつくれます。

Others

コーディネートに暗めの色の洋服をセレクトすると、アイテムは無難に黒を選んでしまいがち。「暗い色」というところはそのままで、洋服と同系色で引き締めるのがワンランクアップのポイント。ぼやっと重く見えない配色になり、全体的に落ち着いた印象のカジュアルコーデが完成します。

YY Type
Cover －気になる肌悩みは服の色でカバー－

> YYタイプは中明度・高彩度がキーワード

しみ

ネールピンク

明るい色は、レフ板効果で肌も明るく見せてくれます。しみの暗い色素を明るいトップスで目立たなくしましょう。

ネープルスイエロー

YYタイプの肌に馴染みが良く、しみをとけ込ませて消し去ったかのように見せる効果のある色です。

たるみ

マンダリンレッド

中彩度以上の清色は、肌のハリを出し、リフトアップの効果があります。

マリンネービー

寒色系は収縮色なので、たるんだフェイスラインを引き締めて見せてくれます。

ツヤ感アップ

ジョンブリアン

乾燥肌に欲しいツヤ。高彩度でクリアな色がポイントです。鮮やかなイエローは効果抜群。

リーフグリーン

清色が苦手な人がツヤをプラスするなら、彩度高めで少しだけグレイッシュなトーンがオススメ。

―配色パターンを知って色を楽しむ―
Pattern

「華やかさ」を意識した配色がポイント

カジュアル

オトナの遊び心

YY ストロングオレンジ × **Y** ピーコックブルー

オトナのオレンジに
対照的な色を合わせて活動的に。

爽やかレディー

YY シーグリーン × **N** アイシーイエロー

お天気の良い日に着たくなる
明るく爽やかなイメージ。

シック

落ち着いた色気

YY モスグリーン × **N** ライトグレージュ

グレイッシュカラーで
洗練されたオトナの配色。

小物使いで上級者

YY キャメル × **Y** バフ

キャメルとバフにオフホワイトを
プラスしても素敵。

フェミニン

色気をまとう

YY オレンジレッド × **N** プラム

オトナの女性らしさが
引き立つ配色。

視線を奪うヒロイン

YY サフランイエロー × **Y** アイボリー

華やかで親しみやすい
サフランイエローを品良く締める。

Y Type
Styling Office

● Tops

顔色が冴えるグリーン。人々を癒す色でもあるので、オフィスコーディネートのポイントにぴったり。赤や黄色に比べて主張は控えめなので、色を取り入れたいけどあまり派手に見られたくない人にも。

● Outer

肌馴染みの良いベージュのトレンチコートは、Yタイプならマストで取り入れたいアイテム。ただ、みんな持っているからこそ無難に見られがち。インナーの配色を楽しんで、個性を出します。

● Bottoms

グリーンがもたらしてくれる癒しの効果を壊さないように、アイボリーで優しい雰囲気を引き立てます。ボトムスもYタイプの得意な色でそろえることで、肌に馴染んで落ち着いた印象に。

● Others

コーディネートの軸となっているグリーンは、調和がとりやすい色でもあります。白がメインカラーのスカーフは、明るい色が使用されているので、顔回りに抜け感を出すのにぴったり。靴は「ちょっと仕事には派手かも?」というものを選んでもアクセントになります。

| Yタイプ オフィス コーディネートの **ポイント** | 親しみやすい雰囲気づくりが得意。カラフルな色が似合うので、カジュアルになりすぎないようにまとまりのある配色で。 |

Tops

ベージュは、緊張感がほぐれるリラックスカラーの代表色。「肩の力を抜きたいな」という日に取り入れたい色です。自分自身はもちろん、周囲の人々からも、柔らかい印象に見られます。

Bottoms

トップスと似た色を選んだ、ワントーンコーディネート。ベージュのイメージを活かすなら、触り心地の良さそうなスカートをセレクトして。コーディネート全体の柔らかさが引き立ちます。

Others

似た色でありながら、しっかり色の差がわかるようにコーディネートする「フォカマイユ配色」。ただ、ベージュでまとめると、ぼんやりしすぎてしまうことも。アイボリーやゴールドを活かすと、オシャレにまとまります。

Y Type
Styling Daily

● Tops

Yタイプ持ち前のチャームポイントである健康的な血色を、さらに引き立ててくれるピンクをセレクトします。「オトナだから」とピンクを敬遠するのはもったいない！ピンクは、オトナこそ必須の色。よく似合ったピンクは、あなたの女性としての魅力を倍増してくれます。

● Bottoms

スキニーパンツは足のラインが見えてしまうことが気になりますよね。収縮色の紺色なら、脚痩せ効果が狙えます。さらに、「暖色系で明るめ」というピンクの膨張して見えてしまうウィークポイントもカバーしてくれる優秀色。

● Others

甘い印象のピンクとバランスをとるのが、オトナのピンクとの付き合い方。顔に近いピアスは、シンプルなゴールドを選びます。靴とバッグは、落ち着いたトーンのベーシックカラーを中心に選びます。ブラウンは、赤みがかったものならなお良いでしょう。

| Yタイプ デイリーコーディネートの ポイント | 若々しく見える色が似合うYタイプ。少し派手かなと思ってもチャレンジしてみて。濁色が似合うなら、まろやかなイメージに。 |

Tops

クリーム色とベージュの間のような、ややくすんだ明るい黄色は、小麦色を表す「ウィート」という色。濁色というと落ち着いたイメージですが、かわいらしさも演出できるのがウィートの特徴です。白いパンツを合わせてオフィスコーディネートにも。

Bottoms

トップスの色と似た色相でまとめます。さらに、淡いトップスには濃いボトムスを意識すると、バランスをとることができますよ。休日は選ぶ色も着やすさも楽チンに。

Others

類似した色の中で、ちょっとずつ明度や彩度を変えていることがさりげないポイント。上品でかわいいイメージを壊さず、ひそかにセンスの良さをアピール。

Y Type
Cover －気になる肌悩みは服の色でカバー－

> Yタイプは「やりすぎない」がキーワード

--- しみ ---

シェルピンク
しみやしわがとけ込んだように肌に馴染んで美しく見えます。

メロングリーン
肌馴染みの良い明るい色なので、暗い色素を目立たなくしてくれますよ。

--- たるみ ---

ターキーレッド
ハリを与えるなら、黄みがかった清色を。やや暗めの色なら引き締め効果も狙えます。

ピーコックブルー
寒色系が苦手な人が多いYタイプにも馴染むうえに、リフトアップ効果がある嬉しい色。

--- ツヤ感アップ ---

マリーゴールド
黄みがかった鮮やかな清色でツヤをプラス。ハリも出ます。

レタスグリーン
トップスに取り入れて、うるおいのあるみずみずしい素肌に。

―配色パターンを知って色を楽しむ― **Pattern**

「爽やか」を意識した配色がポイント

―― カジュアル ――

すっきりフレッシュに

Y ライトイエロー × **Y** ウォームアクア

対照的な色相配色で明るく元気なイメージ。

とろけるような肌馴染み

Y サンオレンジ × **Y** ライトモスグリーン

オトナが似合うライトモスグリーンに明るいサンオレンジで元気をプラス。

―― シック ――

カフェでコーヒーブレイク

Y コーヒーブラウン × **B** バーガンディ

しっとりとしたオトナ女性の魅力があふれる配色。

ホッと安らぐ柔らかさ

Y エッグシェルグリーン × **N** パールホワイト

季節を問わず、柔らかいイメージを演出できる。

―― フェミニン ――

オトナのデート服

Y クリアサーモン × **Y** クリーム

自分に似合うピンクならいやみにならないオトナカワイイに。

映える色は小物で

Y シグナルレッド × **YY** キャメル

鮮やかな黄みの赤を品良く、オトナっぽく。

N Type
Styling  Office

Tops
顔色が明るく見える王道カラーといえば、白。清潔感と好印象を重んじるオフィスでは、自分に似合う白を知っていることが最も重要です。気合いを入れたい日には、白をメインカラーにしたテッパンコーディネートを持っていると便利ですよ。

Bottoms
トップスよりも明度を落とす「濃淡配色」で安定感を演出します。グレージュは、上品で落ち着きを感じられる色。オフィスコーディネートにぴったりですが、抜け感もあるオシャレカラーです。

Others
明度が高めのコーディネートは、ここぞというときの黒を部分使いして、キリッと引き締めて。通勤時に気になる日焼け対策にはベージュのハットを活用して、明るい印象を保ちます。

| Nタイプ オフィス コーディネートの **ポイント** | ベーシックカラーを幅広い色から選べるぶん、似合う明度と「顔回りの血色の調整」を忘れずに意識しましょう。 |

Suit

NタイプからBタイプにかけて似合う人には、オフホワイトと黒のチェック柄のスーツを。全体的に明度も彩度も低めのコーディネートで、クールな印象を与えます。会議やプレゼンなど、説得力をもたせたいときにぴったり。

Inner

スーツが無彩色なので、インナーや顔の近くにNタイプの血色をプラスする色をもってきて、センスの良さもアピール。落ち着いたワインレッドをセレクトして、オフィス仕様を意識しましょう。

Others

靴と時計はスーツの黒と、バッグはインナーのワインレッドと同系色でそろえると、まとまりが出てオシャレ上級者に見えます。他社訪問の日でも対応可能な、"ひそかにオシャレで、かつ硬派"なカラーコーディネートです。

N Type
Styling Daily

🌸 One-piece

メインカラーのグリーンと、花柄のピンクはほぼ補色、つまり正反対の色の性質をもっています。彩度が高い正反対の色を取り入れるとトゥーマッチな印象になってしまいがちですが、少量だとアクセントカラーになります。メリハリのある配色を楽しみましょう。

🌸 Others

バッグはアクセントカラーとなっているピンクを活かすと、華やかさがアップします。明るめのピンクを選ぶと、深緑でトーンが低いコーディネートも、明るい印象になります。ただ、足もとはワンピースよりも明度を低めに設定して、オトナっぽいコーディネートを意識して。

| Nタイプ デイリー コーディネートの ポイント | Nタイプは「調和」がキーワードです。少し個性的なスタイリングも、配色を活かして着こなしましょう。

Tops
顔の血色を引くような、青紫系のブルーベースは苦手な色。Nタイプが健康的で爽やかな印象に見えるのは、青の中でもマンダリンブルーやコバルトブルーといった青。首もとがつまっていないほうが顔色に与える影響は小さくなります。

Bottoms
トップスとボトムスは、正反対の色である補色の関係です。ブラウンベージュのパンツは、ブルー系のトップスとの対比により、活動的な印象を演出してくれます。穏やかな濁色は、コントラストを意識するとスタイリッシュに。

Others
ストールは、ニットの色を活かした色を選びます。ここの色選びでブルーベース寄りの色を意識してしまうと、顔色が悪く見えるので注意して。ほかの小物はボトムスと同系色の濃淡を意識して、トップスとボトムスのまとまりをキープします。

N Type
Cover －気になる肌悩みは服の色でカバー－

「少しだけYタイプ寄り」がキーワード

―――――― しみ ――――――

ベビーピンク
明るい色のレフ板効果で、しみやくすみを目立たなくさせます。

ミントグリーン
Nタイプの肌に健康的な透明感が出ます。

―――――― たるみ ――――――

トゥルーレッド
肌にハリが出て、リフトアップして見えます。

コバルトブルー
ブルーは収縮色。彩度が高く、ハリも出る色。

―――――― ツヤ感アップ ――――――

ブライトチェリー
乾いたNタイプの肌にツヤをのせる色は、ややイエローベース寄りの清色。

エメラルドグリーン
イキイキした健康肌に見せてくれる色。

―配色パターンを知って色を楽しむ―
Pattern

「ナチュラル」を意識した配色がポイント

―― カジュアル ――

パーティースタイルに

N コバルトブルー × **B** ストロベリー

レッド系は、アクセントカラーとして少量配色するのがオススメ。

愛される春の装い

N アイシーイエロー × **N** ペールグリーン

爽やかで、かわいい配色。

―― シック ――

オシャレ上級者の合わせ技

N ブラウンシュガー × **B** ライトグレイ

ベーシックカラーをかけ合わせたスマートな配色。

オトナの夜をまとう

N ダスティジェイド × **N** ダークパープル

洗練されたオトナの女性だから着こなせる配色。

―― フェミニン ――

オトナの愛されカラー

N クールアクア × **B** コスモス

オトナだけど、ロマンチックに装いたいときに。

あでやかな装い

N パープル × **B** ルビーレッド

ドキッとするような華やかでセクシーな配色。

B Type
Styling Office

🌸 Tops

Bタイプには、ゴールドよりシルバーが馴染みます。レセプションや懇親会など、華やかなシーンにぴったり。ツヤ感のあるトップスの色が反射して、顔色が明るく見えます。ロングヘアなら、まとめ髪で首もとの肌を見せるのがオススメ。

🌸 Bottoms

トップスに使われている色と合わせることで、セミフォーマルな場にも対応できるコーディネートになります。派手な色ではありませんが、上下の明度のコントラストで、周囲の人々の目を引くことができます。

🌸 Others

バッグと靴は、パンツに合わせて低明度のベーシックカラーを選びます。ほかの要素をそろえている場合は、アクセサリーなど小面積で、自分のタイプではない色を配色してもOK。上級者のコーディネートを楽しめます。黄色の華やかさをアクセントとして楽しみましょう。

Bタイプ オフィス コーディネートの ポイント 知的なイメージづくりが得意。ブルーがよく似合います。冷たい印象になりすぎないように、顔色をチェックしましょう。

Tops

着痩せ効果が高いと言われている紺色とストライプのかけ合わせ！もちろん、絶大な着痩せ効果が得られます。クールな紺色とスタイリッシュなストライプはとてもよく似合いますが、シャツを選ぶと少し強い印象を与えてしまうので、袖や裾に女性らしいエッジが効いた洋服がベター。

Bottoms

黒ボトムスがブルーの小物を引き立てます。上下ともに収縮色なので、全身がすっきり引き締まった印象になります。あえてスキニーパンツではなくワイドパンツを選ぶことで全体のバランスをとります。かっちりしつつ楽チンな、理想のオフィスカジュアルです。

Others

靴は黒でなく明度が低めのブルーを選ぶことで、無難とは一線を画す、オシャレなコーディネートに変わります。ここで黒を選んでしまうと、重くなりすぎてしまうので注意して。

B Type
Styling Daily

🌸 Tops

エネルギッシュで鮮やかな赤。数多くある色の中でも目立つので敬遠してしまう人もいますが、プラスの効果もたくさんあります。自分に似合うトーンや清濁なら、へんに赤だけ浮くことなく、顔色を良く見せてパワフルな印象をつくり出してくれるので、思い切って取り入れてみて。

🌸 Others

トップスと同系色の暗めの色で、派手さを抑えます。ボトムスは高明度を選びたいですが、オトナっぽく見せたいなら小物は黒でもOK。赤のもつ活動的な印象は残しつつ、オトナっぽい配色のコーディネートになります。

🌸 Bottoms

赤に合わせるなら、低明度よりも高明度の無彩色がオススメ。ふわっと広がるスカートをセレクトすることで、トップスの色の強さをやわらげてくれます。赤いトップスと小物の黒の間を取り持つ役割もしています。

| Bタイプ デイリーコーディネートの **ポイント** | 白・グレイ・黒をベースに、クールな配色が得意。明度が高めの色を配色すると、強い印象がやわらぎます。 |

Inner

トップスの黒を際立たせる白をチラッと見せて、顔色を明るく調整します。

Tops

Bタイプで低明度が似合う人にぴったりなベーシックカラーが、黒トップス。全身が黒では重たい印象ですが、下にいくほど明度が高くなっていくことで動きを出します。オフィスでは着ることがないだぼっとしたシルエットは、上半身の気になるところをカバーしてくれます。

Others

キャップは黒で、上半身の色をそろえましょう。白黒の無彩色でまとめたコーディネートは無機質な印象を与えてしまいます。そこで、甘めのピンクと軽快なシルバーを取り入れて、Bタイプの"オトナカワイイ"を実現します。

Bottoms

コントラストがハッキリしている白黒ボーダーのスカートでカジュアルに。トップスにゆとりをもたせているぶん、ボトムスはタイトなものを選ぶとセクシーなオトナのゆるさを演出することができます。

B Type
Cover —気になる肌悩みは服の色でカバー—

Bタイプは引き締め効果のある得意色がキーワード

しみ

パウダーピンク
しみやくすみは、明るい色のレフ板効果で目立たなくします。

ペールブルー
青みがかった高明度の色は、透明感を出すのが得意。

たるみ

ワインレッド
引き締め効果が期待できる暗めの赤。彩度高めで、リフトアップ効果も。

エナメルブルー
青は収縮色。高彩度色で、ハリも出ます。

ツヤ感アップ

チェリー
似合うピンクは、乾燥して荒れた肌も美しく見せてくれます。

コバルトグリーン
ブルーベースの中でも青みの少ない清色は、ツヤ効果が高い色です。

―配色パターンを知って色を楽しむ― # Pattern

「清楚」を意識した配色がポイント

―――― カジュアル ――――

凛とした美しさ

 ×

B ブルーミント　　**B** グレイブルー

すっきりしていてかわいさもある
好感度の高い配色。

ワンポイントで差をつけて

 ×

B ティールグリーン　　**BB** ショッキングピンク

わくわくしちゃう
ほぼ補色関係のコントラスト配色。

―――― シック ――――

信頼されるオトナ色

 ×

B フォゲットミーノット　　**N** ブラウンシュガー

包容力と知的な印象を与える
洗練された配色。

ほんのり甘い美人色

 ×

B ローズグレイ　　**BB** ソフトラベンダー

グレイッシュな色が似合う
オトナの女性に。和服にもオススメ。

―――― フェミニン ――――

ロマンチックな雰囲気に

 ×

B スレートグレイ　　**B** コチニールレッド

赤の分量多めにしてドキッとさせる
ドラマチックな配色。

雨の夜の散歩

 ×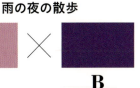

B オーキッドピンク　　**B** パンジー

Bタイプだから似合う
紫系のダブル使いで、ミステリアスに。

BB Type
Styling Office

Tops
気持ちを上げていきたい日には、暖色系で高彩度の色をチョイス。顔色が良く見えるので、積極的になれそう。ワードローブの中で「これが主役」という洋服があるなら、思い切ってほかのアイテムの色みは1色にそろえて。

Bottoms
ストライプのボトムスは単色ほど主張が強くありません。ウエストマークが絞れるデザインならウエストインをしてハイウエスト気味に着ても、ボトムスが主役にならず、調和して見えます。

Others
シルバー小物は、華やかなグレイ感覚で取り入れます。光の反射効果で、顔色が明るく見えます。色の変化が一番大きい顔回りのストールはもちろん、肩から掛けたシルバーのトートバッグにも、反射によるレフ板効果があります。キレイめシューズもシルバーで差をつけて。

| BBタイプ オフィス
コーディネートの **ポイント** | 無彩色を地色に、差し色で鮮やかな色を使うのがオススメ。
素材による発色を活用すると、イメージが広がります。 |

Outer

オトナ女性のジャケットなら、かっちりクールに、"できる女風" が得意なBBタイプ。グレイには、都会的で洗練されたイメージがあります。スタイルの良く見える細身のデザインは、より美しく見せてくれます。

Tops

ジャケットとストールの間からのぞく白シャツは、ノーカラーのデザインと、あまり主張しないストライプで、小さなこだわりを感じさせます。見える面積は小さくても、配色のバランスと顔映りの効果は大きいので、シャツとジャケットの関係性には力を入れましょう。

Bottoms

黒のテーパードパンツは、働く女性の定番アイテム。1着は持っていたいものです。黒といっても素材によって雰囲気が変わるので、着用するシーンや求めるイメージに合わせてバリエーションを楽しみましょう。

Others

小物はBBタイプの得意な色でそろえて、勝負に挑みます。赤みを抑えて肌色を整える青紫のストールをセレクト。凛とした印象に仕上げて。光沢のあるバッグとパンプスは、得意な「強く、かっこいい女性」のスタイルを実現します。

BBType
Styling Daily

🌸 Tops

キレイで好まれる色ですが、血色が引いたように顔色が悪く見えがちな人が多い、アイシーなラベンダー。ピンク系の肌をもつBBタイプには、透明感をアップして美肌効果の高い色になります。

🌸 Bottoms

トップスと同じ、高い明度のデニムでトーンをまとめます。ラベンダーのもつ女性らしさは、デニムでカジュアルに、オトナっぽく見せるのがオススメ。クラッシュデニムなら、より軽快な印象にしてくれますよ。

🌸 Others

クールに見られがちなBBタイプだから、Nタイプ寄りの小物を取り入れて、あたたかさとかわいさを少しだけプラス。服がカジュアルなぶん、小物は女性らしさの強いアイテムを取り入れます。"さりげなく"がポイント。

| BBタイプ デイリー
コーディネートの **ポイント** | 一部の色にこだわりすぎず、コーディネート全体として
印象をつくり上げると、たくさんの色を楽しめます。 |

● Tops

顔の赤みを引いて見せるシルバーで、クールな輝きを表現します。デザインもリボンや絞りを活用した大胆なものをセレクトして、コーディネートの主役にします。個性的な洋服は首もとが空いているほうが、差し色として楽しめますよ。

● Inner

トップスからちらっと見せるバイオレットで、ミステリアスなイメージをつくり出します。レース素材が生み出す陰影で、さらにエレガントな表情をプラス。

● Bottoms

キラキラ光る素材のトップスは、黒のボトムスで派手さを抑えます。色と質感のバランスも意識して、デニム素材に。カジュアルなイメージが強いですが、黒デニムは洗練されたカジュアルさを演出してくれます。トップスがフレアなので、スキニーパンツで引き締めます。

● Others

服と同系色の暗めの色で落ち着かせましょう。パンプスは、ベーシックカラーである黒の中にラインで入る白がアクセントになります。インナーの紫をバッグに使うことで、こだわりを感じるコーディネートに。

BB Type
Cover —気になる肌悩みは服の色でカバー—

> しみ・しわは、高明度低彩度がキーワード

しみ

ローズピンク
色白効果が高い、強い青みのピンク。しみやくすみも目立たなくしてくれます。

クラウディブルー
明度高めなグレイッシュカラーは、しみをぼかして見せる効果があります。

たるみ

ローズマダー
肌にハリを出すなら、暖色が効果的。明度が低い赤なら、引き締め効果も得られます。

バイオレット
フェイスラインの引き締めには、似合う色の中でも明度低めをチョイス。

ツヤ感アップ

マゼンタ
鮮やかなピンクは、BBタイプの肌との反射効果でツヤをのせてくれます。

ピオニーレッド
イエローベースに比べてツヤ効果が弱いので、彩度が高い色から選びます。

―配色パターンを知って色を楽しむ―
Pattern

「洗練」を意識した配色がポイント

カジュアル

異素材で目を惹いて

BB ラベンダー × **B** クールミント

オトナかわいい、爽やかカジュアル。

藤の花のような繊細さ

BB ウィスタリア × **B** パールグレイ

知的でハツラツとした、活用範囲の広い配色。

シック

オールマイティな優等生

BB モーブグレイ × **B** ネービー

紫をおびた明るいグレイを相性の良い紺色で引き締めて。

洗練された美しさ

BB ヒヤシンスブルー × **N** ビスタ

個性を演出するハーモニー。都会的な雰囲気にぴったりです。

フェミニン

調和する色っぽさ

BB アイシーバイオレット × **N** ウォルナット

オトナっぽい、上品で可憐なイメージ。

華のある定番色

BB フューシャピンク × **B** グレイドネービー

甘酸っぱいフューシャピンクを引き立てる配色。

ファッションのお悩み相談室！

「疲れ色」を解消

Before / After

首もと
似合う色の中から明るい色を選びます。

トップス
明るい清色がベスト。濁色が似合うなら、濁りの少ない色を。

ボトムス
顔から遠いので影響は少ないのですが、面積が大きいロングスカートやワイドパンツは似合う色を選びます。

「疲れ色」には2パターンあります。1つが自分に似合う色よりも暗い色で顔色もどんより見えること。もう1つは、似合う色より彩度の低い色で、くすんで見えてしまうことです。年齢ではなく、体調が悪いと疲れて見えてしまうこともあるので、そのときの救済色を知っておくと便利ですよ。

「疲れ色」を身につけるとこんなことに

		疲れて見える	これならOK
YY	肌がくすんで見えます。肌に馴染む清色を身につけましょう。		
Y	青みが強いとやつれて見えます。黄み寄りの色で、若々しさを演出して。		
N	くすみが増して見えます。クセのない明るめの色が効果的。		
B	しみなどトラブルが目立って見えるので、肌と調和する色をセレクト。		
BB	黄ぐすみして見えます。透明感がアップする色が必須。		

ファッションのお悩み相談室2

「やりすぎ」から脱却

　パステルカラーもビビッドカラーも似合っていれば「やりすぎ色」ではありません。やりすぎと思われてしまう原因は、似合わない「トーン」。自分のベースやトーンに合わないと、品良く垢抜けて見えない残念な結果になってしまうのです。印象に直結するトーンを知ることで、自身の美しさを引き出せますよ。

「やりすぎ」を身につけるとこんなことに

タイプ		やりすぎに見える	これならOK
YY	肌に馴染まない青紫は浮いて派手な印象に。YYタイプの中で気品のある色を合わせて。	青紫	オレンジ
Y	色が強すぎて悪目立ちしないように、青系でも馴染む色を。	濃い青	ターコイズ
N	イエローベースで高彩度の色は、前に出すぎて見えます。中彩度に抑えてみて。	オレンジ	ピンク
B	イエローベースのペールトーンは、ぶりっこに見えます。	ペールオレンジ	ペールピンク
BB	黄色は、真逆の色。BBタイプの得意色を合わせてすっきり見せます。	黄色	青紫

ファッションのお悩み相談室3
「年相応」の呪い

「もうこの年齢だし……」と地味な色ばかり選んでしまう人もいるかもしれません。ズバリ、年相応の色は「ない！」と思ってください。周りに合わせて似合わない色を身につけるより、あなたを魅力的に見せてくれる色を身につけたいですよね。キホンの色をもとに、色で遊んでみてはいかがでしょうか。

「キホンの色と遊び色」配色のポイント

		キホンの色	遊び色
YY	高彩度色を身につけると血色が良く見えるので、健康的でハツラツとした印象に。		
Y	肌馴染みの良い高明度色は、若々しく、キュートに見せてくれます。		
N	ハリもツヤも引き締めもかなう色で、知的なのに、親しみやすさも感じさせます。		
B	ブルーベースの赤が、華やかで透明感ある肌に。さらに、グレイで柔らかさを出します。		
BB	高彩度で目立つマゼンタは、高明度のシルバーグレイで上品に印象をやわらげて。		

ファッションのお悩み相談室4
「くすみ」に対抗する

- 肌が発光して見える
- タイプに合わせた白をセレクト
- 鮮やかカラーがオススメ
- 首もとのつまった服で暗い色は危険!
- 面積の大きいトップスは顔面への影響が大きい
- 同系色はオシャレだけど、くすみを増幅させる

　モデルの撮影では、肌を美しく見せるためにレフ板で光を反射させます。光によってしみやしわなど肌の難を目立たなくしてくれるのです。その効果をはたしてくれるのが白のスカーフやトップスです。ただし、必ず自分のタイプに似合う白を選んでください。似合う白、が重要なポイントになります。

「似合う白」を選ぶポイント

		似合う白	くすみ対抗カラー
YY	白の中でも黄みが強い白をセレクト。		
Y	アイボリーのような少しだけ黄みを感じる白をセレクト。		
N	牛乳のようなオフホワイトをセレクト。		
B	少しだけ青みがかったスノーホワイトをセレクト。		
BB	なにも混じっていない純白をセレクト。		

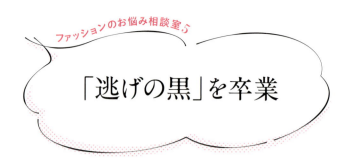

ファッションのお悩み相談室5

「逃げの黒」を卒業

「とりあえず黒なら安心」と思われがちですが、実は黒がよく似合うのは、ブルーベースで暗い色が似合う、狭い範囲の人に限られます。そのほかのタイプの人は、きつく見えたり、陰気に見えたり、しわやしみが目立って老けて見えたりと、残念な印象になってしまいます。これを機に、「無難だから」と逃げで黒を選ぶことを卒業しましょう。

こげ茶は堅実な印象を、緑寄りのネービーは親しみやすい印象を与えます。

あたたかみのあるチャコールグレイは安心感を、ネービーは知的な印象を与えます。

黒を手放せないなら

レースやシフォンのように透け感のある素材や、シルクやサテンなどツヤのある素材で暗くなりすぎないように調節しましょう。メイクは必ず似合う色で顔色を整えてくださいね。

ファッションのお悩み相談室6
「好きな色」を着る

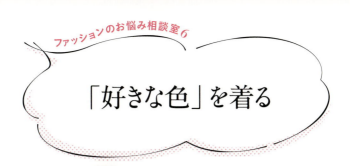

トップスには
パーソナルカラー
を合わせる

下半身に
ライクカラーを
取り入れる

大好きな色が顔色に合っていないとショックですよね。でも大丈夫。似合わない色でも、絶対に使えないわけではありません。私は、「似合わないけど好きな色」のことを、愛を込めて"ライクカラー"と呼んでいます。ライクカラーを上手に取り入れられたら、好きな色を諦める必要はありません！

パーソナルカラーと
ライクカラーが離れているなら、
ライクカラーの面積を
小さめにする

ライクカラーに合わせるなら

		ライクカラー	合わせ色
YY	青みピンクに合わせるなら、黄みが弱いピンクベージュを。	ピンク	ピンクベージュ
Y	インパクトの強いマゼンタは、紺色が調整役をしてくれます。	マゼンタ	紺
N	オフホワイトの面積を大きめにコーディネートするのがポイント。	ライトブルー	オフホワイト
B	くどくなりがちな朱色は、ライトグレイならすっきり見えます。	朱色	ライトグレイ
BB	くすみやすい色は、青みがかったグレイを。	グリーン	ブルーグレイ

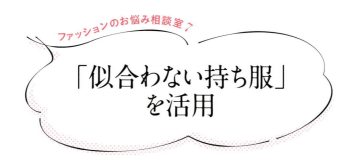

「似合わない持ち服」を活用

ファッションのお悩み相談室7

手持ちのワードローブと自分のタイプが合わない場合もあります。ただ、捨てるのはちょっと待って！そんなときは、似合う色のスカーフやマフラーをプラスするだけでOK。最も色の影響がある顔回りが重要です。似合わない服がボトムスなら、誰でも1枚は持っている白シャツに合わせれば美人度も上がります。イヤリングも合わせるとなお良いでしょう。

イエローベース

スカーフは、黄色や黄緑、オレンジ、サーモンピンク、朱色などが使われているものを。ピアスの金具はゴールドで。

ニュートラル

柄物のスカーフはNタイプの選択肢が多いアイテム。ピアスの金具も、ゴールドとシルバーのコンビなど幅広く楽しめます。

ブルーベース

スカーフは、ラベンダーやローズピンク、ワインレッド、青緑などの色が使われているものを。ピアスの金具は、シルバーやプラチナ系で。

ファッションのお悩み相談室8

「和服の着こなし」を知る

　和服は面積が広いので、似合わない色を選んでしまうと、せっかくの和服姿が残念なことに。とはいえ、着物には冠婚葬祭などのシーンや、そのときの立場、さらに季節ごとに細かいルールやマナーがあります。

　そこで、一番広い地色の部分は似合う色の中から選びつつ、帯などの小物は、色相やトーンで変化をつけましょう。見逃しがちな半襟も、じつは一番顔に近いポイントなので、こだわって選びます。

イエローベース
地色：華やかに見せてくれる萌黄色や珊瑚色
小物：芥子色などこっくりした色をアクセントに
半襟：生成り色

ニュートラル
地色：ラベンダーや撫子色（なでしこいろ）など、上品なイメージ
小物：色使いでかわいくもクールにも演出しやすい
半襟：オフホワイト

ブルーベース
地色：紫や白、グレイも着こなす粋な雰囲気
小物：メリハリをつけつつ、品良くまとめて
半襟：純白

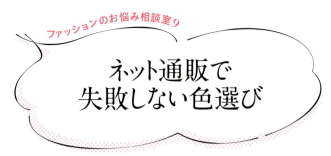

ファッションのお悩み相談室9

ネット通販で失敗しない色選び

　ネット通販で色の失敗をしないためには、ポイントが3つあります。

　1つめは、スマホとパソコンのディスプレイで見比べてみること。ディスプレイによって、青みや黄みの片寄りや、彩度の差があります。特に見分けが難しい白・紺・グレージュは、必ずチェックしたほうが良いでしょう。

　2つめは、生地をチェックすること。麻など天然素材の場合、若干くすんで発色されることがあります。

　3つめは、自分のベースカラーに沿った色みを選ぶこと。完璧に色がわかるわけではないからこそ、ネット通販では、確実に「自分のタイプに近い」と思うものを購入するのがベターです。

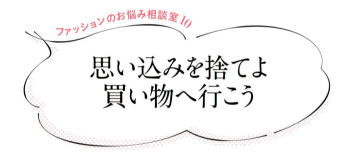

ファッションのお悩み相談室10

思い込みを捨てよ買い物へ行こう

　買い物に行くと、お店によって照明の色が違います。オレンジっぽい光や青白い光は、色を正確に見ることができません。

　まずはできるだけ店内の明るいところに移動して、色をチェックしましょう。照明の影響が強い店であれば、あまり目立たないように、スマホのライトをオンにして、色みを確認するのも良いかもしれません。

　また、必ず試着して、「しっくりくるか」も重要。不安な場合は、スタッフに「この色は、黄みと青みのどちらが強いですか？」と聞いてみてもOKです。

　自分のパーソナルカラーの特徴を知ると、色を選べるようになります。「新しいワタシ」を歓迎してあげましょう！

PART 5

イメージづくりに
知っておきたい
色彩心理

色彩心理を活かして理想のイメージに近づく

　同窓会や大事なプレゼン、授業参観。大切なシーンでは、「こんな人に思われたいな」というイメージをもって洋服を選んだり、メイクをしたりしている人が多いのではないでしょうか。
　ぴったり似合うパーソナルカラーを見つけたら、さらにステップアップして、色がもつ"印象"を活かしてみましょう。街をふと見渡してみると、セールの看板の文字が赤だったり、飲食店はオレンジをベースにしていたりと、色が活用されていることに気づくはずです。人は無意識のうちに、心やからだに色の影響を受けています。その作用が色彩心理です。似合う色と色彩心理を合わせて、思いどおりに印象を操ってしまいましょう！

色彩心理

赤 Red

情熱的、前向き、活発

鮮やかな赤は、インパクトが強く、目立つ色。大きく取り入れると、外交的で生命力あふれる魅力的な人に見えます。ネックレスなど小物で使用すると、視線を誘導して背を高く見せます。ダークトーンのアウターにインナーとして取り入れると、引き締まったからだに見せてくれます。

橙 Orange

ユーモア、家庭的、社交的

陽気で、幸せに満ちて見える暖色系の色。夏の太陽のようにハツラツとしたイメージから、落ち着いた大人の雰囲気まで、印象の幅が広い色でもあります。

似合う・似合わないが分かれやすいので、上半身に取り入れる場合はパーソナルカラーを確認しましょう。

黄 Yellow

自由、陽気、好奇心、知的

幸せそうで楽しそうな人に見えます。明るく無邪気なイメージなので、人気者の色とも言えます。彩度が高いと、顔も黄色く見えがち。苦手な色は、顔から離してコーディネートするのが無難です。膨張色なので、スタイルが気になる人は、小物でアクセントとして使用してみては？

| 色彩心理

緑 Green

リフレッシュ、安心、調和、真実

　暖色と寒色の間である中性色。波長も中波長で、バランスのとれた色です。リラックス効果があり、刺激が少なく、眠気を誘う色でもあります。

　芽吹きや若葉などの印象から、新しい時代に向かうイメージを抱かせる効果があります。自分の意見をとおしたいときにもぴったりな色です。

青 Blue

冷静、誠実、信頼、真面目

　彩度が高い色の中でも好印象を与えやすいので、ビジネスや初対面のシーンに取り入れやすいでしょう。

　収縮色なので、着痩せして見える色でもあります。青は白と配色すると、最強の好印象カラーになります。

紺 Navy blue

従順、清潔感、知的、沈静

　日本人に似合いやすい色です。明治時代、日本に来たイギリス人が藍染めの着物やのれんなどの多さと美しさに感動し、「ジャパンブルー」と名づけたのだとか。その藍色を濃くした色が紺色です。

　黒ほど重量感を感じさせないので、着痩せ色として機能します。

色彩心理

紫 Purple

伝統的、高貴、変化、癒し

品良く見えるか、その逆に見えるか。取り入れ方や身につける人によって変わる難しい色です。

男性が身につける紫は好感度が低いという結果が出ていますが、女性が身につけるとツヤっぽく見せる効果があります。

イエローベースがよく似合う人には似合いにくい色です。

白 White

清潔、純粋、スタート、神聖

肌が明るく見えたり、若々しく見えたりと、清潔感を感じさせる色。何色とも相性が良いので、広く活用できます。

膨張色ですが、実際の重さより軽く感じさせる効果があります。純白と生成り色では顔色の見え方の差が大きいので、似合う白を知っておくと良いでしょう。

黒 Black

高級、モダン、威厳、自信

着痩せ色・無難な色として多用されます。しかし、重量感を感じさせ、しわやほうれい線を深く見せたり、険しい表情に見られたりしやすい色。取り入れ方には注意して。

取り入れるなら、シースルーやレース素材で抜け感をつくりましょう。

カラーチャート

横はベースカラー別、縦はトーン別に構成されています。

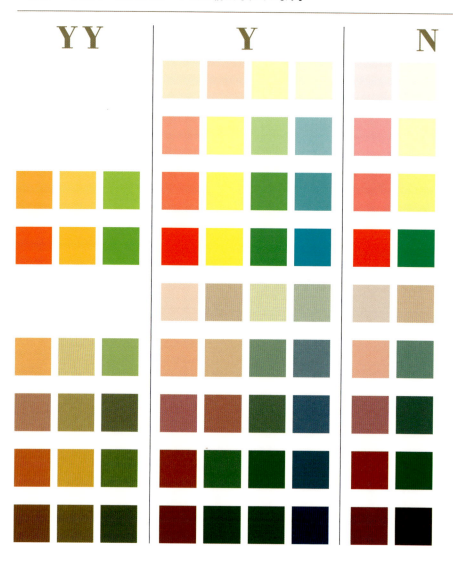

（日本パーソナルファッションカラーリスト協会（JPFCA）オリジナル制作）

125

パーソナルカラーを もっとくわしく診断したい！

オーダーメイドの似合う色をもっとくわしく知りたいというあなたに、
グラデーションカラースケール® 考案者と
認定カラーリストが診断します。

グラデーションカラースケール® カラー診断

1	ヒアリング	なりたいイメージやライフスタイル、好きな色や苦手な色など伺います。
2	色素チェック	髪や瞳、肌など、あなたの色をチェックします。
3	グラデーションカラースケール® 診断	6枚のグラデーションカラースケール®を使って、ベースカラーとトーンを分析します。
4	ドレープカラー診断	**3**の結果をもとに、120色のドレープからベストカラーやベターカラーなどを診断します。
5	色見本ブック	世界に1つの、あなただけの色見本ブックをおつくりし、後日郵送します。

一般社団法人 日本パーソナルファッションカラーリスト協会（JPFCA）

住所：〒651-0097　兵庫県神戸市中央区布引町2-4-13-901
電話：078-855-7781（電話受付は平日のみ）
営業時間：10:00 - 17:00　　定休日：不定休
HP：https://www.jpfca.com/
お問い合わせ：info@jpfca.com

全国の会員サロンはこちらからチェック

おわりに

「イエローベースとブルーベースの間にも、色はある」

　パーソナルカラーに興味をもった人が悩んでしまいがちなのが、自分にぴったり当てはまるタイプがないということ。それぞれが違うのだから当たり前のことなのですが、自分に似合う色が見つからないことで、「色って難しい」と、嫌になってしまう人もいらっしゃるかもしれません。

　本書では、まず基本のベースカラーを知ることで、色の楽しさを感じてもらえたらと、ベースカラーを中心にまとめました。

　付録のグラデーションカラースケール®は、使っていただけましたでしょうか？ みるみる変わる顔色の変化の中で、「一番美しいワタシ」を発見できるのです。

　"美しく見える色"がわかれば、"好きな色"も工夫次第で取り入れられます。少しでも「色って楽しい！」と思っていただけたら幸いです。

　最後になりましたが、出版を快諾くださいました河出書房新社様、企画段階からお世話になりましたナイスクの鈴木里菜様、ご縁をお繋ぎくださった熱田大様、そしていつも私を支えてくれているJPFCA会員の皆さま、友人、家族に、御礼を申し上げます。

なかがわ やすこ

なかがわやすこ

特許取得グラデーションカラースケール®及びPFCメソッド発案者。一般社団法人日本パーソナルファッションカラーリスト協会代表理事。色彩の奥深い世界に魅了され、日本色彩学会正会員、AFT色彩検定協会認定講師、AFT色彩検定協会認定カラーデザイナー、ほか多くの資格を取得。これまで、企業・個人を対象に、色彩講師及びカラーコンサルティングを手がける。グラデーションカラースケール®を開発後、グラデーションカラースケールとその診断方法で特許取得（特許第5319003号）。2014年、兵庫県神戸市に一般社団法人日本パーソナルファッションカラーリスト協会を設立し、日本色彩学会全国大会にて論文を発表した。現在は、カラーリストとしてお客様に接しながら、認定カラーリスト及び講師の育成の講義も行うなど、カラーメソッドの普及と女性の起業に力を入れている。

デザイン	澁谷明美
イラスト	中島慶子
写真提供	Shutter stock （P80、P81、P82、P83、P86、P87、P88、P89、P92、P93、P94、P95、P98、P99、P100、P101、P104、P105、P106、P107、P114） PIXTA（P78） AdobeStock（P120～P123）
スタイリング	MOTOKO YAMAGISHI
執筆協力	鷲頭文子（ワイルドベリー）
編集	株式会社ナイスク　http://naisg.com/ 松尾里央　高作真紀　鈴木里菜

もう迷わない！
38歳からのパーソナルカラー

2019年7月20日初版印刷
2019年7月30日初版発行

著　者　　なかがわやすこ
発行者　　小野寺優
発行所　　株式会社河出書房新社
　　　　　〒151-0051
　　　　　東京都渋谷区千駄ヶ谷2-32-2
　　　　　電話 03-3404-1201（営業）
　　　　　　　 03-3404-8611（編集）
　　　　　http://www.kawade.co.jp/

印刷・製本　凸版印刷株式会社

Printed in Japan
ISBN978-4-309-28740-9

落丁本・乱丁本はお取り替えいたします。
本書のコピー、スキャン、デジタル化等の無断複製は著作権法上での例外を除き禁じられています。本書を代行業者等の第三者に依頼してスキャンやデジタル化することは、いかなる場合も著作権法違反となります。